あなたは知らずに
不幸の種を育てていませんか？

幸せの種　不幸の種

コスモ21

幸せの種　不幸の種

カバーデザイン◆平本祐子

はじめに　幸せになるラブレター

私はよく講演で「無知は罪」という話をします。

人は知らないことによって悩み、苦しみ、不幸になるからです。

いろんな悩みは、知ることで解決します。

いろんな苦しみは、知ることで解放されます。

いろんな不幸は、知ることで逃れられます。

私の会社ＪＥＳは、三五年前に教材の制作会社からスタートしました。

私は、専門学校の講師をやりつつも、カルチャーセンターの通信講座をはじめとして、全国の延べ六〇万人の生徒さんを見ました。

そのなかには受験生の方が多くいらっしゃいましたが、ある一つの確信を得たことがあります。

「頭が良い悪い」、「勉強ができる、できない」の差は、その〝仕方や考え方〟がわからないだけ。

今までやみくもに《頑張って》勉強していた生徒さんに、ほんのちょっとの勉強のコツや考え方を教えただけで、みるみるうちに学力が増し、希望する学校に次々と合格するという《成果》が表われたのです。

この頑張りと成果が一致するコツはビジネスでも同じです。

ビジネスは儲けなければ、従業員の給料を出し、その家族を養うことはできません。『儲ける』とは、どなたも「お金を稼ぐことだ」と考えがちですが、「儲」をよく見ると『信じ合う者』という意味の合成漢字です。

社長と従業員、そしてモノを作る人、売る人、買う人が、どうやって信頼関係を築くかが大きな『儲ける』ためのポイントとなるのです。

それを、「売れさえすればいいんだ」、「買った後のことは知らない」などと手前勝手な考え方をしていたのでは、どんな優秀な会社でもいずれ破綻するようにできています。

私は今まで多くの倒産した会社を見てきました。

どの社長も、潰そうと思って会社を起業した方はいません。

けれども統計では、起業後三年で半分が倒産し、三〇年後では九九・九八パーセントが倒産もしくは廃業に追い込まれます。

まさに三〇年後、五〇〇〇社のうち一社しか残らないのが現実なのです。

その五〇〇〇社の経営者のなかには、私より才能があり、私より能力があり、私より努力し、私より勤勉で、私より人脈が豊富な人がたくさんいたことでしょう。

弊社が、なぜ創業して三五年も生き残っているのか不思議でした。

その違いを敢えて言うならば、《ものごとの考え方》しかありません。

他の経営者とはちょっと違う考え方をしているせいか、多くの経営者からコンサルタントを依頼されていた時期もあります。

その主な相談ごとは、「なぜこんなに頑張っているのに売れないのでしょう」……です。

最初に受験生の例でお話ししたように、この世の中では《頑張る》ことと《成果》はイコールではありません。

そもそも頭で「なぜ売れないのだろう？」と考え続けても、脳細胞は一部しか機能せず、なかなか画期的な答えが出ない仕組みになっているからです。

ではどう考えたら？

答えは簡単です、「なぜ買わないのだろう？」です。

すると脳全体がフル回転で活性化することがわかっています。

言葉だけを聞くと同じ意味に感じるかもしれませんが、まったく違う結果が現われるのです。

売れるか売れないかは《自分の視点》が主体で、買うか買わないかは《お客様の視点》が主体だからです。

たとえば、目の前の人に向かって、透明のガラスに円を描くように指をクルクル左回りに回してみてください。

それを見ているお客様は時計回り（右回り）に見えます。

じつは失敗するアイディアや企画は、一〇〇パーセント、《お客様の視点》ではなく《自分の視点》だけでモノを見た結果なのです。

つまり成功する秘訣は、自分だけの喜びより、相手の視点に立って相手の喜びを主体に考えたほうが結果的にうまくいくということになりますね。

それは、たった一人の笑顔のためでもいいのです。

ですから人類の共通の目的でもある、誰でも豊かに幸せに生きるコツもとてもシンプルで簡単です。

お金持ちになる秘訣は、お金持ちになった人のコツと考え方を知ればいいだけです。

運が良くなる秘訣も人から好かれる秘訣も、すべてそこには必ずそうなるコツと考え方があるのです。

それらのなかの大きな考え方が、『自分よりも人の喜びや笑顔のために生きる』になります。

それが幸せになるための時計回りなのです。

けれども、自分だけの視点に立って『自分さえ良ければ』では、お金も人も運もいずれすべてから見捨てられるか、人生が虚しいものになってしまいます。

これが不幸への左回り（時計の逆回り）です。

企業は「業《ごう》（カルマ）を企てる」と書きます。

会社は「神聖な社《やしろ》で出会う」と書きます。

そこで「働《はたら》く」人は、「傍《はた》を楽《らく》にする」人でなければなりません。

現在弊社は、地球のエキスであるミネラル製品をメインとして業務を行なっておりますが、社業を通し、一人ひとりの出会いを大切にする〝会社〟でありたいといつも願っております。

本書は、弊社のミネラル会員に毎月一枚ずつ配布していたA4サイズの、「発展のためのアドバイス」を書籍用に書き下ろしたものです。

人は誰一人の例外なく、幸せに、そして発展するために生まれてきました。

ですからこの本は、これを読まれる方一人ひとりに宛てた、『幸せになるラブレター』です。

ぜひ自由に気の向いたページからお読みいただき、毎日の〝幸せになるためのヒント〟にしていただけたら幸いです。

「知らなかった」から「知った」に変わることで、常識を超える喜び事が起きはじめるはずです。

幸せの種　不幸の種……もくじ

Part I　すべての希望を叶える心の秘訣

Part Ⅱ 人との関わり方と苦楽の数

Part Ⅲ 幸か不幸かを選ぶ人生の阿弥陀久慈

Part Ⅳ 見えないチカラを味方にする

Part Ⅴ 誰も教えなかった究極の成功法則

Part Ⅵ 仕事が思いどおりうまくいくコツ

Part Ⅶ　希望という名のバトンを未来に

Part I

すべての希望を叶える心の秘訣

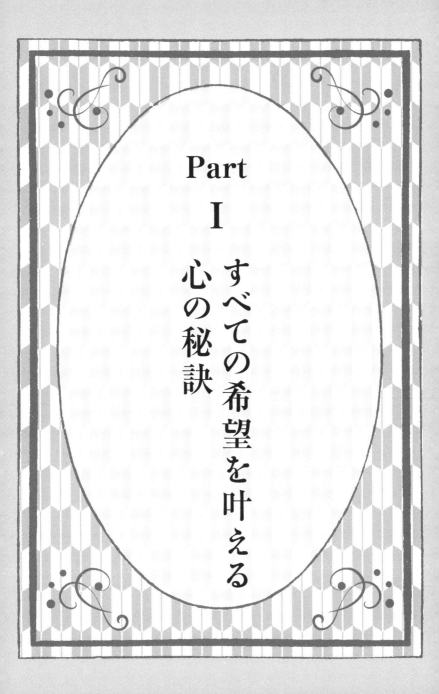

☆幸せのバーを下げる

誰しも、自分の未来は明るく幸せであってほしい、と望んでいると思います。

けれども今が暗くて不幸だと思っていたら、なかなか幸せな未来を実現することは難しいのが現実です。

なぜなら、お金持ちがさらにお金持ちになることは簡単ですが、貧乏な人がいきなりお金持ちになることはとても難しいのと同じです。

ではどのような考え方が、未来を明るく幸せにすることができるのでしょうか。

それは、今を明るく幸せにすること以外ありません。

只今の自分が「不幸だ、辛い」と思っていたら、その延長線上の未来には不幸や辛さが待ち受けています。

今自分が感じている感情の延長が、そのまま未来を創っているのです。

しかも慣性の力が働き放射線状に広がっていますから、それに気づくのが遅れれば遅れるほど、その範囲からの脱出がなかなか難しくなります。

つまり「今、私は不幸だ」と思っている人は、たった今「私は幸せだ」に変えてしまえば、未来も変わるということになります。

これを「パラダイムシフト」といいます。

今まで思っていた自分の認識や思考を一八〇度変えることですね。

今の状態を、ネガティブからポジティブに変えるといってもいいでしょう。

ではどうやって？

まず、「今、私は不幸だ」と思っている人は、今の自分の状態を完全に勘違いしていると気づくことからはじめます。

じつを言えば、世の中に誰一人不幸な人はいません。

なぜなら、今そう思っている方は、少なくとも今生きているからです。

今生きていること自体が最高の幸せなのです。

なぜなら死んでしまえば、幸か不幸かさえ判断できません。

こういう話を聞いてもピンと来ないかもしれませんが、別に私は宗教的な話をするつもりではありません。

とても現実的な話をしています。

では質問します。

今あなたには手があり、ちゃんと物をつかむことができますか？

足で歩けますか？　声が出ますか？　目が見えますか？　耳が聞こえますか？　食べられますか？　一週間食べる貯金がありますか？　家族がいますか？　友人はいますか？　眠れますか？　朝起きられますか？　深呼吸できますか？　働けますか？　携帯を持っていますか？　雨宿りする家がありますか？　いつ爆弾が頭に落ちて来るか毎日怯えていますか？

もう言いたいことはわかりますね。

少なくともこの本を読む目を、今あなたは持っているはずです。

世の中には、どれだけ目の不自由な方がいるかわかりません。

目が見えたら私はどれだけ自由で幸せだろう……と思っている方が現実にたくさんいるということです。

これを心から納得することが必要です。

参考までに、昔ある講演の席で、戦争を体験された著名な方がこんなことを言っていらっしゃいました。

「みなさん、こうなったら幸福になる、こうなれば私は幸せだっていつも言うけど、もう少し自分の幸福のバーを下げてみてはいかがですか」（※バー…走り高跳びや棒高跳びの越える目標ライン）

その方は有名な小説家なのでいろんな宴席に呼ばれ、いつもご馳走が振る舞われています。

けれども、テーブルの上にご馳走が並べられていればいるほど、その方は苦しくなるそうです。

戦後の引き揚げまでの間に、肉親を含め、多くの栄養失調で亡くなった方々を見てきたからだと思います。

そしてその小説家の先生は、「一度、自分の幸せのバーを下げたら、どれだけ私には幸せなことが溢れているかを知ると思います」と結びました。

「今、私は不幸だ」と思っている人には、永遠に幸せはやって来ません。

だから、今の考え方を変えるだけでいいのです。

今ある足元の幸せを見つけることからはじめましょう。

☆『～を楽しむ』が未来を創る

たとえばあなたが、「今自分は貧乏だ」と思っているとします。

それがネガティブな感情だからといって、「今自分は金持ちだ」と無理やりポジティブに思っても何も変わることはありません。

いくらそれを自分に言い聞かせても、しょせん偽りの言葉ですから、現在の貧乏を脱出することはできません。

むしろこの思いは現実逃避になってしまい、いつまで経ってもお金持ちになることはないのです。

また正直に、「私は貧乏だし、どうせこれからもずっと貧乏のままだ」と思い込んでも、そのとおりの人生を歩んでしまいます。

ではどのように変えたらよいかですが、「今自分は貧乏だけれども、これからこのような努力をしたら何年後には解決できる」と知恵を絞り道を探ることしか方法はありません。

そして後は計画的に行動する。ダメなときはまた別な道を探る……という具合です。

たとえば、一日一人、新しい人に名刺を渡す……でもいいので、無理のない目標を立てていきます。

ここで気をつけなくてはいけないことが一つだけあります。

それは『不満』です。

現状に対して不満を持つと、社会や誰かのせいにしがちです。

自分のせいより人に責任転嫁したほうが精神的にも楽チンですが、すると何も生まれないし前進することもできません。

つまりお金持ちになるための知恵や努力が生まれなくなってしまうのです。

もっとも怖いのは、この『不満』が日常化するとドブのような悪臭を放ち、という毒に変わり、誰かに向けた恨みや愚痴が出てくるようになることです。

毒をまき散らしてお金持ちになった人は誰一人いません。

じつは、「貧乏」がネガティブなのではなく、「不満」の感情がネガティブなのです。

貧乏は一つの現象であり、それ自体に良い悪いはありません。

むしろ、「清貧」という美しい言葉があるくらいです。

ネガティブの感情かポジティブの感情かどうかの一つの判断材料として、その湧いた感情の後に『〜を楽しむ』を付けるとわかるでしょう。

今の例でいえば、「貧乏を楽しむ」ことはあっても、「不満を楽しむ」という経験をした人はいないでしょう。

「平和を楽しむ」人は多くても、「戦争を楽しむ」人はなかなかいないのと同じです。

それ以外でも、「笑って楽しむ」はあっても「泣いて楽しむ」はありませんし、「一体感を楽しむ」はあっても「疎外感を楽しむ」ことはありません。

もちろん、誰かをいじめたり、不健康なことや犯罪に関わることを楽しんだりするのは論外です。

このように『〜を楽しむ』を当てはめていくと、嫉妬や恨み、怒りや疑いといった感情は、すべてネガティブな言葉ということになりますね。

つまり、明るくて幸せな未来を創るコツは、『今を楽しむ』ことにあります。

その延長が未来なのです。

また、楽しむこととは興味を持つことと同じです。

興味がなければ、どんなことをしていても楽しくはなりません。

積極的に、「どうしたらこうなるんだろう」とか「なぜこれはこういう形なんだろう」というように、対象物に興味を持ったり疑問を投げかけたりして、今自分が置かれている状態に精一杯興味を持って楽しむように行動する。

料理も仕事もトイレ掃除も、どうせやらなくてはいけないことなら、そのなかで小さな工夫や楽しみ方を探してみてください。

探せばきっと見つかるはずです。

後の「ＰａｒｔⅤ　誰も教えなかった究極の成功法則」の「☆努力を楽しむ」（１２４頁）も参照してください。

☆『倍返し』の法則

運を身につける手っ取り早い方法があります。

それは、実際に声に出して表現することです。

できたら大きく元気ではっきりした声がいいですね。

たとえば朝の「おはよう」の挨拶。

ほとんどの方はまず同居している家族に挨拶すると思いますが、その前に大きな声で挨拶しなければいけない相手がいます。

それは寝起きの〝自分〟です。

「○○さん（○○君)、おはよう！」と、最初に自分の身体に挨拶してみましょう。

その合図で全細胞が目覚めることをイメージします。

すると、細胞が外界からの良いことを招き入れるために、一日中協力してくれるようになります。

なぜなら、良い出会いもお金もすべて外からやって来るからです。

自分の細胞への挨拶が終わったら、その後に家族やペット、会社の出勤時、接客時などさまざまな人に声をかけるチャンスがあるでしょう。

さらに声の大きな挨拶は、声を出せば出すほど邪気を払い、周囲を元気の波動で満たしてくれます。

じつは「朝の挨拶」とは、まず自分から相手に元気を与えることで、相手から元気が二倍になって返って来る儀式なのです。

よってさらに自分も幸せな気分になれるから、もっと外から幸せの波動を呼び込むことになります。

挨拶以外に声を出す効果としては、「ありがとうございます」も同じです。

ただ儀礼的で平坦なアクセントではなく、感情を乗せて伝えることが大切です。

挨拶とは人からもらうものではなく、自分から与えるものなのです。

☆奇跡を呼ぶ運命転換法

「ありがとう」という言葉が力を持つといわれていますが、たしかに言霊としても目に見えない力があるようです。

「感謝」とは、普段の当たり前のことに気づくことですが、「ありがとう」の語源は「有《あ》り難《がた》き」で、意味は「稀《まれ》な良い現象が起きた」という意味です。

どんな小さな親切でも、気遣いでも、幸運でも、あるいは日常のことでも、それを自分がいただけるのは滅多にない、有り難きことなんだ、そう気づくと自然に「ありがとう」の念が湧いてきます。

英語の「ＴＨＡＮＫ　ＹＯＵ」のように、人だけに向ける言葉ではありません。対象は、人智を超えた奇跡的な現象、自然、自分の運命そのもの、神に対しても向けられます。

「☆幸せのバーを下げる」でも少し話しましたが、今の幸せが見えない人は、いつまで経っても幸せになることはできません。
じつは、当たり前なことなどは一つもないのです。
すべてが感謝であり、奇跡的に自分に与えられています。

「朝、目が覚めてありがとう」「ご飯が食べられてありがとう」「息ができてありがとう」「話ができてありがとう」「愛する人がいてありがとう」「お客が来てくれてありがとう」「便が出てありがとう」「お風呂に入れてありがとう」「服が着れてありがとう」「目が見えてありがとう」「歩けてありがとう」「雨をしのげる家があってありがとう」

……つまり、日常のどんな些細なことにも「ありがとう」の気持ちを常に持ち続けることが大切なのだと思います。

じつはこの「ありがとう」にはすごい神的パワーが秘められていて、奇跡を呼ぶ《運命転換法》にも使えるのです。

人に感謝の意を捧げるためのものとして「ありがとう」を言葉で発するだけではなく、悪いことが起きたとき……つまり、嫌な気分なとき、辛いことが起きたとき、悲しいことが起きたとき、惨めな気分になったとき、病気になったとき、痛い思いをしたとき、お金を失ったとき、損したとき、人に騙されたとき、腹が立ったとき、失恋したとき、愛する人が亡くなったとき、悔しい思いをしたとき、羨ましく思ったとき、悲観したとき、事故に遭った瞬間、そして絶望感で押し潰されそうになったとき、そしてお金を支払うときでも、この「ありがとう」を《心から》、そして実際に声に出して言えるかどうかがとても大事なのです。

人生では、嫌なことや不幸なことというのは、何回も続いたり連鎖したりするものです。

というのは、人の人生というものは、まるでバイオリズムのように上下の波を描いて動くからです。

どんな人もその運気の波動から逃れることはできないのが「見えない法則」です。

それで、上向きのバイオリズムならばもっと良い方向に向かわせる、下向きのバイオリズムならばどん底に落ちないようにするのが、この『運命転換法』でもある「ありがとう」の正しい使い方なんですね。

今まで一部の方々は嫌なことがあると、「ありがとう」どころか、「チェッ、ついてないな……」と舌打ちしたり、「コンチクショー！」と人や物に八つ当たりしてみたり、「あ～あ、私なんか……」と落ち込んでみたり、「これは○○のせいだ！」と人に愚痴を言ったりしていたかと思います。

するとますます良くない波動を呼び込み、次の嫌なことが必然的に起きる仕組みになっています。

この悪い循環や連鎖を食い止めて、逆転させて良い方向に向かわせる『運命転換法』が、悪いことがあったときにこそ言葉に出して「ありがとう！」と言うことなんですね。

この「ありがとう」の言霊は宇宙の愛意識に届き、舌打ちや愚痴は良くない世界へと通じます。

どちらも《発信》しているのは自分自身ですから、いずれ自分に帰ってくるのも法則です。

どちらの思いも必ず《受信》、つまり受け取る存在が必ずいるのです。

良い思い、良い言霊を発すれば良い形として帰って来る、悪い思いや悪い言霊を発すれば、また悪い形として自分に帰ってくる……これが仏教でいう「作用・反作用」、「因果応報」、「カルマ」の法則。そして「波長同通」の法則が働くようになるのです。

☆望まない希望は叶わない

私が経営する全グループ会社では、朝礼が終わった直後、全員で声をそろえて、『今日も一日、ありがとうございます!』と元気な声で叫びます。

数年前は『今日も一日、頑張ります!』でしたが、「頑張ります」を「ありがとう」に変えただけで社内の雰囲気がガラッと変わり、お客様からの喜びの電話も殺到しはじめました。

全体の意味を考えると少し変な言葉ですが、それは真ん中の言葉が足りないせいだと思います。

「今日も一日、《仕事ができて》ありがとうございます!」
「今日も一日、《社員みんなと会えて》ありがとうございます!」
「今日も一日、《お客様から喜びをいただいて》ありがとうございます!」

これなら意味が通じますね。

つまり、「ありがとう」の中身が多過ぎて言えないから省略しただけです。

また、自分が希望することを、「ありがとう」を添えて宣言すると叶えやすい……といわれます。

希望の「希」という字は稀と同じで「まれ」と読みます。だからといって「希望は稀な望みだから滅多に叶わない」のではありません。

少なくとも、望まない希望は何一つ叶わないようになっています。

つまり言い換えたら、「希少な望みだから叶う」のです。

「希少な望み」とは表面的なものではなく、自分が本当に心から願うという意味です。

奇跡的な現象は、前向きに希望を持ったときに生じることが多いのです。

それを「ありがとう」とともに言葉に出すことは、本当に自分が心から願うものかどうかの確認作業になります。

声に出したとき、違和感なり抵抗感なりがあるうちは決してその希望は叶いません。

それは、本当に自分が望んでいない可能性があるからです。

それでも叶えたいときは潜在意識に入れる方法があります。意識が完全ではない状態のとき、つまり、夜眠る前とか朝起きがけに言ってみてください。

☆言霊返し　こちらこそ「ありがとう！」

「ありがとう」という言葉には、《喜びの循環と連鎖》の法則が働いて運も良くなり、ますます大きくなっていく作用があります。

たとえば、誰だって人から「ありがとう！」と言われたら嬉しいです。

でもそんなとき、あなたはどんな言葉を返しますか？

「いえいえ」、「とんでもありません」といった、相手の感謝を打ち消す否定語だけを使ってはいませんか？

一見、日本人独特の謙虚や謙遜、礼儀のような気がしますが、それを否定語だけで終わらせてしまうと、自分の中に「ありがとう」が止まってしまうので、増幅して自分に返ってくることがなくなります。

そんなときは、打ち消して終わるのではなく、「いえいえ、こちらこそ○○してくれて、どうもありがとう！」と、「ありがとう」の言葉を最後に添えて声に出すことです。

たとえば、あなたが食事をご馳走したとします。

相手は「今日はご馳走さま」もしくは「ありがとう」と言ってくれると思います。

それに対して「とんでもない、こちらこそ本当に楽しかったです。ありがとう！」といった具合に、お返しにあなたが「ありがとう」の言葉を返します。

もし相手がお礼の言葉を述べなくても、また割り勘だったとしても、「今日はありがとう！　あなたとお話しできて楽しかったです！」と言うと、もっともっと別な有り難い事柄や幸運が自分に返ってきて、次々と良いことが増幅される現象が現われます。

相手がお礼の言葉を述べなくても、決して「礼儀がない人……」とは思わないことも忘れずに。

期待を裏切られたからといって、ネガティブな感情を持つのはやめましょう。

人から誉められたときもこのように応用すると、もっともっと人から誉められるような人物になります。

☆無理と無茶の違い

さて、「無理」と「無茶」を同じ意味に捉えて使っている方は多いと思いますが、じつは大きな開きがあります。

「無理」とは字のとおり、道理に合わず理論どおりではないこと。

「無茶」も字のとおり、お茶を飲む余裕すらないこと。

事業を行なう場合、「無理はしろ、無茶はするな」といいます。

また、「お客様の無理は聞くけど無茶は断る」というのもよく聞きますね。

じつは発明家や事業家は、この「無理」を行なって成功した人が多いのですが、「無茶」をして成功した人は一人もいません。

この差は、度を超していないか、自分のできる許容範囲を超えているか超えていないかで判断します。

自分の許容範囲を超えて、精神的にもお茶を飲む余裕や遊びがないから、事故を起

こしたり失敗したり病気になったりするわけです。

たとえば車のブレーキやハンドルのように、ある程度効かない〝遊び〟の範囲があるからこそ、安全に運転できるのです。

泳げないのに海で溺れる人を助けに飛び込んだら、間違いなく二人とも溺れますから、これは「無茶」。

自分に返せない額の借金や、高額な保証人になることも「無茶」です。

逆に、失敗する可能性が高いのに、敢えて挑戦することを「無理」といいます。

けれどもこの「無理」は、失敗してもちゃんと自分で責任が取れること、再起できる可能性があることが条件となります。

責任が取れないなら「無茶」になりますね。

この「無理」と「無茶」の使い分けができることを『自分の器を知る』といいます。

☆人は好きな人の笑顔のために生きている

人は誰しも、幸せになるためにこの世に生まれてきました。

そして幸せになるためには、驚異的な力を発揮する一つのコツがあります。

それは先にお話ししましたが、中学生のときに母が私にアドバイスした『好きになる』ことです。

たとえば、家族や近所の人、会社の上司や同僚や部下はもちろん、道ですれ違う人、電車に乗り合わせた人、エレベーターで一緒になった人、新聞配達の人、スーパーのレジ係の人など、自分と触れ合うすべての人々を好きになることです。

「いきなり誰かを好きになんてなれない」と思われるかもしれませんが、私がやったイメージトレーニングのように、『好きでも何でもない人を好きになるゲーム』のような感覚で捉えればよいのです。

その感覚で相手と接していると、「あっ、怖いと思っていたけど、ちょっと優しい面もあったんだ」、「こんな面白い考え方をする人だったんだ」、「いざというときは意外と頼りになる人なんだ」等々、今まで気づかなかったところを発見するでしょう。

すると、相手に向けて自然な《笑顔》が生まれてくるようになります。

そしてその笑顔を見た人は、あなたに対し好意を持ち、同じように笑顔を返すようになります。結果的に、あなたは誰からも好かれ、大切にされ、幸せな毎日を送れるようになります。

しかも、この好きになるというのは《人》だけに限りません。《事》、つまり人以外の目に見えるものや目に見えないもの、そして社会、会社の仕事や町内会の組織、自分の住んでいる家など、自分に関わるすべての物や事柄を好きになってみるのです。たとえば、今住んでいる街を好きになると、ごみが落ちていたら気になって拾うだろうし、見慣れた近所の人にも挨拶すると思います。

するとますますその街が好きになるし、街の人からも好かれます。

住んでいる家を好きになると、いつも清潔に快適さを保つことができます。

すると家族の帰宅も早くなり、笑顔の絶えない家になります。しかも風水の基本的な法則によれば、いつも奇麗に整理整頓されている家は、そこに住む家族を守ってくれるようになるといわれています。

これは愛用している車や自転車にも同じことがいえますね。

また、自分が勤めている会社や仕事を好きになると、自然とヤル気が生まれ、遅刻が減ったり、さまざまなアイディアが浮かんだり、前向きな行動がとれたりします。

そうなると当然、同じ会社に勤めている人たちや取り扱いの商品も好きになっていくでしょう。

するとお客様への対応も変わり、営業の成績も上がり、社内の評価も上がって、昇格や昇給のチャンスも訪れるようになり、どんどん運も良くなっていくものです。

じつは《事》である社会も組織も商品も家も、そのなかには必ず《人》が存在しています。

そして人を好きになることで人から好かれます。

するとそれに呼応して《事》もうまくいくという好循環が生じます。

やがて《人》と《事》のすべての調和がとれはじめ、自然とあなたの周りに笑顔が溢れてきます。


つまり人は、好きな人の笑顔のために生きているのです。

☆意気地なしの君へ

もともと私はネガティブ思考が強く、いくつかの自己啓発セミナーを受けて、何とかこれをポジティブ思考に変えたいと思ってました。

けれどもなかなかうまくいかず、「オレは何をやってもダメだなぁ」と、これさえネガティブになってしまう始末。

そのなかで唯一、成功したと思われるパターンを見つけました。

それは、二人称を使って自分に呼び掛けること。

心理学者のイーサン・クロス（Ethan Kross）さんによると、二人称で、自分への励ましメッセージをノートに書いたり、実際にメールを送ったりするのも有効なのだそうです。

ということで、早速やってみました。

以下は、私が大きな講演会前日に、意気地なしの自分に送った携帯メールです。

ご参考までに。

「秀定（※私の名前です）、何をそんなに緊張してるんだ？
私は一〇年後の君だ。今の君が緊張する必要などまったくないのに。
そのままの君を表現するだけでいいんだ。
失敗したらやり直せばいいだけ、どうせ一〇年後には誰も覚えてないし。
君ならできる！　終わったときはみなさんから拍手喝采の渦になる！
頭が真っ白になって何も喋れなくなったら、思いついたことを何でも喋ればいい。
それでも喋れなかったら、一人ひとりの顔をじっと見つめてごらん。
そして、大勢の人たちではなく、目の前の一人ひとりに話しかけていると思えばいい。
相手が一人なら、君も気が楽だろ。
君は人によく見せる必要などまったくないし、そのままの等身大が今の君なんだ。
大きく見せたりすると後が辛くなるしね。
今失敗しても成功しても、どっちも同じ……いずれ君の一〇年後は私みたいになっているんだし。

目の前にいる人たちは、今の君の言葉が必要なんだ、君ならその言葉が話せる！

予言しておく、君は必ず講演に成功する！

みなさんが何かをつかみ取ってくれる。

恥をいっぱいかくつもりで、思い切り話してごらん！

喋ることがなくなったら、みんなに『今までの話の中で質問はありませんか？』って聞いてごらん。

心に耳をちゃんと付けて、それに対して思ったことを楽しく話せばいいだけ。

いざというときにはきっと上手くいくよ」

☆「心」に「耳」を付けると「恥」？

クイズです。「心に耳を付けたら何になるでしょう？」

答えは「恥」です。

「心に耳」または逆にして「耳に心」という大事なことが、どうして「恥」になってしまうのでしょう。

考えるに、なぜ人が恥をかくのを嫌がるかといえば、「他人に良く思われたい」からですね。

じつは私もそうで、特に講演会などの大勢の人の前では、どうしても「良く思われたい」という気持ちが強くて上がってしまいます。

自分のことばかり考えて、相手の心に寄り添おうとしないのです。

つまり、自分の心にしか耳を傾けないのが「恥」

だから、私たちは恥をかかなければ、決して相手の心に耳を傾けることができないのですね。

でも、そのことを自ら認めて、大いなる恥をかけばかくほど、その失敗を《反省》するきっかけを作ることができます。

さらにこれを謙虚に修正することで《自信》が持て、心に《余裕》ができます。

そうすると《知恵》も生まれ、大いなる《発展》へとつながります。

恥をかくということは、自分の器を大きくすることなのです。

そして、「恥」に似た漢字で「聡」という字もあります。

「恥」に「公」という字が加わっています。

「恥」と違い「聡」は、「聡《さと》い」や「聡明《そうめい》」という賢さを表わす言葉でもあって、「公」が入るとまったく意味が異なります。

つまり、自分以外の他人の心に耳を傾けるのが「聡」

自分より、他の人の心に耳を傾けることこそ「聡」であり、それで初めて周りを「明」るくするから「聡明」といえるのかもしれませんね。

☆本当の強さは優しさから

今から一六年ほど前に行なった連続講演会『希望の法則』は大変な反響を呼びました。

そのなかの第三回講演会『愛と癒しの奇跡』の後で、副社長の佐藤君と反省会を行なったときの筆談が保存されていたのでその一部を掲載したいと思います。

【佐藤】ところで第三回講演会で、上杉謙信や坂本龍馬、西郷隆盛、そしてヤマトタケルまで登場しましたが、これらの話はとてもおもしろかったです。本当の勇気や強さとは優しさから来る……というお話でしたが。

【本井】世の男性諸君は、男の強さというものを誤解している。だから離婚も増えて、女性が強くなったように見えるんだ。本当は、男性が冷たくなったからなんだね。真の優しさ、包容力の欠如といっても良い。女性におべっかを使ったり機嫌を取ったりすることだけが女性への優しさではないんだ。だからすぐに見捨てられる。
また、自分はこうあらねばならない、こうあるべきだ……という思いもいけないね。自分で自分を縛っている。だから女性に対しても無言で縛ろうとする。その圧迫感が、亭主元気で留守がいい、になってしまうんだ。

【佐藤】ヤマトタケルが自分の身を呈して、草薙の剣で后を守った話は感動しました。そんな勇敢だったタケルがじつは弱虫だったなんて、ちょっとびっくりです。

【本井】タケルだけじゃない、上杉謙信も龍馬も隆盛も信長も、歴史上で勇敢だったといわれる人たちは、みんな臆病で泣き虫だった。自分が弱虫だから、人の弱さがわかるんだね。人々の傷や痛みがよくわかる。だから人が付いて来るんだ。だから歴史を変えるくらいの力が持てるということだね。
自分の意気地なしを何とかしたいと思って、謙信は必ず戦さの前に火（護摩）を焚《た》いた。毘沙門天《びしゃもんてん》の力を借りて弱い自分の気を奮い立たせたんだ。素直な人には奇跡は起きる。自らが先頭に立って戦陣を突っ走った武将は、後にも先にも彼しかいない。真の勇気に神は味方する。どんなに矢を射られても謙信には当たらないんだね。それで家来たちは勇気百倍で、どんな戦さでも勝てたんだね。

☆理動よりも感動

最近思うことですが、ひょっとして、いずれ今の貨幣経済中心の社会は崩壊するのではないだろうかと。お金が中心ではなく、純粋な心が中心の経済に……。

なぜなら、経済の元々の意味は、經世済民《けいせいさいみん》であるからです。

中国の古典に登場する言葉で「世を経《おさ》め、民を済《すく》う」の意味です。世をおさめ民を救うのはお金だけなのか？

純粋な心が、貨幣も含めたすべてを動かし、人々を救っていけるのではないか。

また人は、どういうときに決断したり、行動に移したりするのでしょう。

辞書には「理動（理解して動く）」という言葉はありません。

でも、「感動（感じて動く）」という言葉があります。

人は感じて動く生命体なのです。つまり人は理論やお金だけでは動かないのですね。

感じたら行動……つまり動くことで実際に大きな潮流が生まれます。

☆増えるものと減るもの

あなたは最近、誰かと口ゲンカしたことがありますか？

口ゲンカの大半は、お互いに「お前のここが悪い」、「そっちこそこんな悪いところがある」と、悪口の応酬になりやすいものです。

でも、自分の発した悪口を相手が受け取らないならば、その悪いエネルギーの影響は発した本人に跳ね返ってきます。

悪口であれ、相手が自分からの贈り物を受け取らないならば、その贈り物の所有者は自分だからです。

そして、良きものであれ悪しきものであれ、それを提供した者には、そのエネルギーは発したときよりもはるかに増大して跳ね返ってくるという法則があります。

悪口やひがみなどの悪しきものに、悪しき思いや行為で相手に返すと、ますますその憎しみのエネルギーが増幅し、お互いがケンカどころか戦争にまで発展してしまいかねません。

当然、両者の運はどんどん悪くなっていきます。

逆に、励ましや褒《ほ》め言葉など良きものを発した場合、ますますその愛のエネルギーが増幅し、お互いに進化しながら良い関係を保つことができ、愛が溢《あふ》れ世の中も平和になっていきます。

お互いの運も良くなって、良い現象がどんどんスパイラル（らせん状に増幅しながら連鎖すること）に起きてくるようになります。

「質量不変の法則」や「エネルギー保存の法則」は物理の世界だけに通用するもので、心の世界や波動の世界では、それ以上に増幅するのです。

目に見えるもの（たとえばお金）は使えば使うほど減りますが、目に見えないもの（たとえば愛）は使えば使うほど増えます。

問題がさらなる問題を引き起こす、悪いことが呼び水となって悪いことを呼ぶ、不幸現象が連続して起きる、といったことは、悪いエネルギーの増幅で起きます。

もしこうなったら、どこかでその悪しきスパイラルを断ち切らなくてはいけません。

反対に、それをきっかけに良きスパイラルに変えていければ最高ですね。

じつは、自分に降りかかった悪しき現象のすべては、良きスパイラルに転換させる大チャンスなのです。

これを「価値観の転換」、つまり「パラダイムシフト」といいます。

パラダイムシフトは、本人の考えや思い一つで、どうにでも起こすことができます。

価値観とは、誰でもない「自分自身で価値に思っているかどうか」にあるからです。

そして、「人間にとって真実の価値とは？」と考えると、物質的なものよりも目に見えないもの、つまり心や考え方や思いにあると思います。

物質やお金は、すべてが心の満足感、快適さ、喜び、便利さ、ゆとり、安らぎや安心、愛情を得るための《手段》だからです。

心や考え方や思いは、目には見えませんが、エネルギーです。

このエネルギーによって、人生の幸不幸のほとんどが決まってしまいます。

宇宙の創造が神の最初の意思である《思い》によって形成されたことは、ほとんどの宗教で信じられていますが、私たちもその法則に準じて、最初に意思である《思い》のエネルギーで、いろんな商品の開発や発明などの創造を行なっています。

Part
Ⅱ
人との関わり方と苦楽の数

☆運命を変えた「ザユの目」

言葉は、今まで自分が持っていた価値観や人生、そして運命さえも変える力を持っていると思います。

私は幼い頃から誰もが認める『口下手』でした。

今でこそ社員さんたちは「信じられない」と言っていますが。

若い頃このコンプレックスを何とかしたいという気持ちもあり、大学の就活中に訪問した会社の中に、営業バリバリのドクター専門商社がありました。

『大人は怖い……そのなかでも特に医者が怖い……』という心臓病を患った幼い頃のトラウマもあったのでしょうが、自分にとって嫌いな営業職で、しかも一番怖い医者を相手にする会社ってどんなものだろう、と冷やかし半分で訪問してみたのです。

そこで事件が起きました。指定された説明会場の階へ行こうとビルの中のエレベーターに乗り込んだ途端、いきなり急いで乗り込んできた中年のおじさんがいました。

そして私のほうをジロっとにらみ、こう聞きます。

「君はどこのセクションだ？」

「はぁ？　いやあの……会社説明会に……」

そう言いながら説明会場のある階数ボタンを押そうとすると、私のその手をさえぎり……。

「いや、少し私に付き合いなさい」と、ビルの最上階のボタンを押しました。

エレベーターが開くと、出口の両脇には男性と女性の方が深々とお辞儀しています。

「社長、おはようございます！」

中年のおじさんは『はい、おはよう』と言ってスタスタ先を歩いて行くので、私もその後をついて行こうとすると、

「あの、どちら様でしょうか……」

私は立ち止まり、「え……？」と戸惑っていると、

「いや、いいんだ、私が呼んだ、今日は会社説明会だって？」

「はい、で、でも社長困ります、説明会場は別のフロアで……」

「いいじゃないか少しくらい」

促されるまま社長の後をついて行くと、通路には靴が埋まるくらいの絨毯が敷かれており、壁には大きな額に油絵がいくつも掛かっています。

そして秘書と思われる女性の方が、社長室と思われる部屋のドアを開け、私も中に通されます。どこに座っていいかもわからずにモジモジしていると、社長のデスクと真向いのソファーに座らされました。

社長は社長の椅子にドカッと座り、デスクの書類に目を通しながらしばらく沈黙しています。するといきなり……。

「君、座右の銘は？」

「はっ？　ザユの目？（アユの目なら知ってるけど）」

デスクの書類を見ていた社長はいきなり顔を上げて。

「え？　君は座右の銘も知らんのか……呆れたもんだ、自分で心に留めている言葉くらいあるだろ？」

「あぁそういうことですか……（ちょっと考えてから）あっ、ありますあります！」

そのときとっさに出た言葉が、幼い頃に祖父から聞いたうろ覚えの言葉でした。

「〝我に百難百苦を与えたまえ〟と、昔の、えーと、たしか偉いお侍さんが月に向かって祈った言葉です」

すると社長はじっと私の顔を見つめ、ニコッと笑ったかと思ったらおもむろに受話器を取り、どこかに内線しています。

「○○君（第一秘書）、今連れてきた学生、内定だ！　他の会社に絶対取られるなよ！」

私は何が起きたのか呆然としながら、男性の第一秘書に連れ添われ、エレベーター内でこう言われました。

「宜しいですか本井さん、これからは形だけの試験、そして役員面接となります。面接では、あなたは社長の親戚ということで通してください。そして他社はすべて蹴ってください。悪いようにはしません」

「はぁ？　いえ、はい」

私が覚えていた〝我に百難百苦を与えたまえ〟はじつは間違いで、〝願わくば我に七難八苦（艱難辛苦）を与えたまえ。限りある身の力試さん〟と、お家再興のために山陰の麒麟児：山中鹿之助（幸盛）が三日月に祈った言葉だったことを後で知り、恥ずかしい思いをしました。

この『座右の銘』は、後のち私の運命を大きく変えてしまう言葉になりました。

☆ドラマの主人公

私はその後、内勤職の大手の貿易商社とアンテナのメーカーから内定をもらい、どこの会社に決定しようか心は揺れていました。

友人は私の性格を思い、絶対に営業の会社はよしたほうがいいとアドバイスしてくれました。

行ってもすぐ辞めることになるだろうと。たしかにそうだよな……と私。

けれども先に書いたように、私は口下手に加えて、幼い頃から人見知りが激しく、あがり症、赤面症を何とか治したいという気持ちもありました。

しかもこの営業会社は給料が一番高い会社で、トップセールスマンになれば簡単に給料袋が立つとか。

じつは、父が亡くなってから母の事業がうまくいかず、台所は火の車でした。

そこで私が何とかする以外手立てはありませんでした。

いっそのこと今回の就職を諦め、家業を継ぐことも考えましたが、莫大な借金を背負っているため、共倒れになる危険性があるとのことで、それは猛反対されました。

それにしてもなぜあの会社訪問のとき、社長とばったりエレベーターで一緒になったのだろう。なぜ、社長室に通されたときに、咄嗟に幼い頃の祖父の言葉を思い出したのだろう。〝願わくば我に七難八苦を与えたまえ、限りある身の力試さん〟……か。

調べてみるとこの山中鹿之助の言葉は、叩かれても押しつぶされても、前を向いて立ち上がろうとする姿勢が、自分を強くし、いずれは苦境を克服し、大いなる目的を達成できるという意味でした。

しかし、なぜこんな言葉がこんな口から出たんだろう。今の自分とまったく大違いじゃないか！　しかも、社長の親戚とまで言われて、有り得ないっしょ。

でも待てよ。よくよく考えたら、こんなドラマみたいな展開なんてあるだろうか。当日この営業会社の会社説明会には、二〇〇人以上の学生が集まっていました。そのなかの一人が私で、たまたま社長とエレベーターで一緒になって、社長室まで連れて行かれて……。よし！　決めた！

私はドラマの主人公になったつもりで、この会社に入社することを決心しました。

☆奇跡のテープ反復練習法

晴れてこのドクター専門商社に入社し、一か月の研修を経て千葉営業所に配属になりました。千葉営業所は全国の営業所のなかでも東京本社を抜いて常にトップでした。あまりに凄まじい猛烈な社員ばかりで、昨年の新入社員はほとんど辞めたとのこと。今年入社した外商部六〇人のうち、千葉営業所には六名が配属されましたが、発表の日、他の営業所に配属した同期からは憐みの声さえかけられました。

後で聞くところによると、どうも私は、研修の成績がビリに近かったようでした。外商部なのに営業センスがまるでないと。

案の定、入社以来売上げゼロが三か月も続き、会社始まって以来と皮肉られ、さすがに私も落ち込んでしまいました。その日の夜、半ベソで書いた辞表をカバンの中に入れて、いつ所長にこの辞表を提出するか、その機会を見計らっていました。

ある日、売り上げが一円も上がらない私を見かねて、上司が同行してくれました。

一日中付き合ってくれて、じっと私の営業振りを後ろから見てくれていました。

けれどもこの日も、いつもながらスリッパ一足すら売れず、どのお客さんも耳を傾けてくれません。これでは、ドラマの主人公どころではありません。

上司は徐々に不機嫌になって、手助けどころかアドバイスすらしてくれません。

営業所に戻る車中、思い切って上司に聞きました。

「あの……、僕のどこが悪いのでしょう、それだけでも教えてもらえませんか？」

しばらく黙ったのち、ポツリと上司は答えました。

「全部悪い！　君、よく営業の世界に入れたもんだな」

「ぜ、全部が……やはりそうですか」

そこまで言われてふん切りがつき、翌朝、所長に辞表を出す決心をしました。

朝、「よし、今日こそ辞表を！」と自分のデスクに向かったところ、机の上に置かれたある一枚のチラシが目に飛び込みました。昨日同行してくれた上司が、「話し方教室」の通信講座のチラシを私の机の上に置いてくれていたのです。

「今日は所長、出張でいないけど、まずそこから勉強してみな」とでも言うように。

まるで私が今日、所長に辞表を出すことを知っていたかのようです。

プロは人の心さえ見通す、と真剣にそう思いました。

上司が机に置いたチラシに目を通し、受けてみたいと思いましたが、会社に就職したばかりで受講するお金などありません。

それでも寮に帰ってから、まじまじとそのチラシを眺めていました。

「なんとかこれをタダで受講する方法はないだろうか。ん？　テープ反復練習？」

テープ教材の中には、『テープ反復練習』というプログラムがあり、それはテープの音声に沿って、そのまま声を出してただ反復するだけの練習です。

「なんだ、これなら受講しなくてもタダで自分でできる！」

早速、ラジオの深夜放送を録音したカセットテープの、ポーズと再生ボタンを交互に押しながら、そのパーソナリティの語る言葉をそのままそっくり真似る……という自作のテープ反復練習法を行ないました。普段しゃべらない言葉を毎晩一～二時間ほどしゃべるわけですから、生まれて初めてあごが筋肉痛になってしまいました。

数日経ち、この特訓のお蔭で多少の語彙力も増えたらしく、顧客との会話がスムーズに流れるようになりました。

すると、それに合わせて少額商品も少しずつ売れはじめました。

☆コンプレックスは人生のバネ

けれどもその後、どんなに努力してもまだまだドングリの背比べです。

しばらく経ってから、ある昔のことを思い出しました。それは、私が中学生になったばかりのとき、なかなかクラスの友達ができずに悩んでいた頃の話です。

当時それを母に相談したら、「目の前の人を好きになってごらん」とアドバイスしてくれ、たくさん友達ができたことを思い出しました。

けれどもそれは、同級生ならいざ知らず、目上のしかもお医者さんに通用するかどうかはわかりません。そこで夜眠る前に、翌日訪問する予定のドクターとやり取りするイメージトレーニングを布団の中で行ないました。

いきなり好きでも親しくもない人を好きになることなんてできませんから、とにかく、お互いが楽しそうに話をしているイメージだけでも……を目標に、毎晩の眠るまでの習慣にしました。

それを続けていくと、少しずつ不思議なことが起きはじめました。

まず、今まで恐怖以外の何モノでもなかったお客様の顔を、真正面から見られるようになってきたのです。

じつはこんな当たり前のことすらできずに、今まで、目が合うといたたまれず咄嗟に顔をそらしてばかりいたのでした。

そしてもっと驚くことに、お客様の話す言葉が自分の中で自動的に反すうされ、漏らすことなく記憶されていきました。

これはテープ反復練習法との相乗作用だと思いますが、取り敢えず「聞き上手」にはなれたようです。

その後しばらく経つと、お客様の中に私を気に入ってくれる方がちらほら現われはじめました。

すると私もますますお客様を好きになり、診療所の玄関の乱れた靴や、待合室にある書棚の整理整頓などを率先して、誰よりも素早くできるようになりました。

ドクターの誕生日はもちろん、奥様やご家族の誕生日、結婚記念日など、それ専用に用意した手帳がほぼ埋まりました。

たとえカーネーション一本でももらったほうは嬉しいものです。

そのときにお客様に会えなくても、次は必ず会ってくれました。

徐々に自信もついてきて、数百万円、数千万円の高額商品も売れはじめ、とうとう一年後には外商部でトップセールスマンの仲間入りを果たしていました。

コンプレックスは人生のバネだと思います。

自分はダメだ、到底できっこないと思って逃げたり諦めたりしていると、いずれそのバネはどんどん錆びて、跳ね返す力を失ってしまいます。

でもそこで、「自分のコンプレックスに立ち向かおう!」と一念発起し、さまざまな努力と工夫を行ない、実際に行動に移すと、バネの錆びが落ちるがごとく、不思議なことにいろんな出会いや協力者が現われました。

そして、日々の努力が重みになってバネを縮ませ、ある瞬間、大きく上に跳ね上がるように運命も好転することを身をもって知りました。

コンプレックスこそ、自分の使命と直結する大きなヒントなのかもしれませんね。

それから二〇年後、当時の所長(後の社長)と会う機会がありました。そこで彼が言った言葉は「君はまるでドラマを見ているようなおもしろい新入社員だったね」

☆人生は四苦八苦？

人生には「苦しみ」と「楽（喜び）」のどちらが多いでしょう。

「私は苦しみだらけの人生だった」、「楽なことや楽しいことなんてほとんどなかった」、

「今まで喜んだ記憶がない」……

そう感じていらっしゃる方も中にはいるでしょう。

人生は良いことばかりではありません。

むしろ、悪いこと、苦しいことのほうが多いでしょう。

これを仏教では「一切皆苦《いっさいかいく》」といって、人生とは苦しみだらけだと断言しています。

今から約二千六百年ほど前、仏陀は人の逃れられない苦しみの種類を、『生・老・病・死』の四つで大別しました。

『生《しょう》』…生きる（この世に生まれる）苦しみ
『老《ろう》』…老いる苦しみ

『病《びょう》』…病気になる苦しみ
『死《し》』…死ぬ苦しみ
その後には、さらに次の四つの苦しみを追加しました。
『愛別離苦《あいべつりく》』…愛する人といつかは別れなければいけない苦しみ
『怨憎会苦《おんぞうえく》』…嫌いな人と会わなければいけない苦しみ
『求不得苦《ぐふとくく》』…求めても得られない苦しみ
『五蘊盛苦《ごうんじょうく》』…人との外見や能力や精神の差などで悩む苦しみ
この苦しみを全部合わせて、『四苦八苦《しくはっく》』と呼びます。
じつは、最初の四苦は自分だけ、自分の肉体的な苦しみが中心です。
そして残りの四苦が、ほとんど人間関係で生じる苦しみだったり他人との比較だったり。つまり、外界や自分以外の他者の存在（社会）があってこその苦しみになります。
しかし、この八つの苦しみは、本当に誰もが逃れることのできない苦しみなのでしょうか？
じつは苦しみは、《考え方》さえ変えれば、すべて喜びに変わってしまうのです。

まずは最初の四苦も、考え方を変えたら次のようになります。
『生』…この世に生まれた喜び
『老』…愛する子や孫に囲まれる喜び
『病』…時間の余裕ができたり、人から介護や面倒を見てもらえる喜び
『死』…この世を卒業できる喜び

では後の四苦はどうでしょう。
生・老・病・死と違って、自分だけの問題ではないので、とても難しい苦しみです。
なかには安易にこう考える人もいます。
『愛別離苦』…愛する人と別れる苦しみを味わいたくないから、最初から人を好きにならない
『怨憎会苦』…嫌な人と会いたくないから、私の方から人と接したくない
『求不得苦』…求めてもどうせ得られないから、最初から諦めているほうがマシ
『五蘊盛苦』…比較して落ち込んだり惨めになったりするのは嫌だから、できるだけ他人を認めないでおこう

そういった人生は、とても愚かなことのように思います。
じつは残りの四苦も、自分以外の他者がいるからこそ社会で体験できることであり、そこには数多くの学びと喜びが隠されています。
これも考え方を変えれば、次のようになります。
『愛別離苦』…いずれ別れが来ても、人を愛する尊い喜びがある
『怨憎会苦』…嫌な人と出会うことで、そこに学びや気づきがあり成長できる
『求不得苦』…求めるからこそ、それが得られる感謝と喜びがある
『五蘊盛苦』…人との差によって、より一層の進化と発展につながる

このように仏陀は、これらの苦しみを体験し受け入れることで、大いなる悟りの道……つまり尊い喜びがあると言いたかったのではないでしょうか。

人がいろんな苦しみを体験するのは、その苦しみの裏にある《喜び》に気づかせるためなんだよと。

手一つ見ても表裏があるように、苦しみの『裏』には喜びがあるのです。

☆苦楽の数はどちらが多い？

人は現実的に社会に背を向け、一人で生きていくことはできません。

だからどんな苦しみも自分にとっては学びの一つであり、結局は、『ありがとう！』なんです。

誰も、苦しむために生まれてきた人はいません。

人を不幸にするために生まれてきた人もいません。

つまり一人の例外もなく、人は周りを幸せにし、自分も幸せになるために生まれて来たのです。

自分だけ幸せで、愛する家族も友人もみな不幸だったら、決して自分の心は幸せな気持ちにはなれないからです。

そして幸せに生きるには、幸せになる《考え方》がどうしても必要になります。

その考え方しだいで苦しみも楽になり、次の新たな希望や喜びへとつながるのだと思います。

なぜなら、苦楽はすべて《自分の心の中》で決めているからです。

ですから『☆人生は四苦八苦?・』で述べたように、自分の心の持ちようによって、すべては《喜び事》に変えられるのですね。よって人生は、少なくとも「苦しみ」よりも、「楽（喜び）」の数が圧倒的に多いのです。

じつは大宇宙の法則は、多くの人と出会い、《縁》を持つことで、多くのことを学びながら、そしてお互いが楽しむようにできていると私は思います。

なかには砥石のように傷付け合うこともあるかと思いますが、それも体験における学びであり、いずれ時が経てば角が取れて丸く調和され、互いが励まし合い、助け合う関係も有り得ると私は考えます。

限られた人生の中で出会った一人ひとりは、誰一人も例外なく間違いなく予定された方です。

しかしなかには反面教師的な人、性格的に嫌いな人もいるかもしれません。

そういった方たちともお互いに調和を図っていくには、相手の良いところを《努力して探し出し》、それを心から認め、そしてその人の良いところだけを見て《良い部分とだけ付き合っていく》ことです。
当社顧問の沼田医師の言う《いいとこどり》の考え方ですね。
それがお互いを成長させ、大いなる発展と魂の進化への道につながるのだと思います。
人生における苦しみはせいぜい『四苦八苦』の八種類、けれども喜びの数はという
と……。

自然に触れているときが一番楽しい
今朝も清々しい朝を迎えられた
子どもが元気で笑顔を見ると安心する
見たかった映画が見れてとても感動した
今朝もスッキリ快便だ
子どもが受験に合格した
誕生日に祝ってもらった
旅行に行けて楽しかった
手料理を褒められ嬉しかった

仕事で上司に褒められた
欲しかったバッグがやっと買えた
念願のコンサートチケットが手に入った
美味しいご飯が食べられて幸せ
人と分かち合える喜び
ボランティアできる幸せ……等々

苦しみは万人共通で数少ないけれども、考えようによっては、喜びは種類も数も、このように人それぞれ無限にあります。

つまり、圧倒的に苦しみよりも喜びの数のほうが多いのです。

参考までに、乳がんと闘い二十四歳で生涯を閉じた、長島千恵さんの最後のメッセージをお伝えします。

みなさんに、明日が来ることは奇跡です。
それを知ってるだけで、日常は、幸せなことだらけで溢れています。

☆パラミタ会議

私の会社では、毎週水曜日に『パラミタ会議』と称して、全社員でさまざまな議案について話し合っております。

ちなみにパラミタとは、般若心経の原語である「パーニャパラミタ（サンスクリット語）」から来ています。

原語の意味は、「自らの心に内在された叡智《えいち》を解き放つ」ということです。

つまり、答えはすべて自分の中に用意されているのですね。

人生にはさまざまな問題が発生したり、悩みが生じたりします。

その問題や悩みの答えを導き出そうとするとき、一般的には人に相談したり、本やインターネットで調べたりすると思います。

しかし仏教では、「問題が生じた瞬間にその解決法が、また、悩みや疑問が生じた瞬間にその答えが、じつは最初から自分の心の中にある」と教えています。

そしてその答えを導き出す方法は、たった一つです。

〝その結果に対し、他人や外ではなく、自分に原因がないかどうかを調べること〟

これを一言で言えば「反省」ですね。

思いどおりにならないのが人生です。

ましてや他人を変えることなど誰もできません。

でも自分の考え方を変えることはどうでしょう？

また、自分の行動を変えることは？

……よほどこちらのほうが簡単です。

自分の考え方や行動が変わることで、周囲が、そしてすべてが変わると私は思います。

どんなに難しい問題でも、「簡単だ！　自分の中で答えを探せばいいだけなんだ！　後はそれに従って実行する！　失敗したらその原因を探り、また次の方法を探せばいいだけ！」なのです。

このように般若心経の思想は、じつに楽天的かつ前向きです。

☆私はモノでありモノではない

よく「己を知れ」とか、「自分のことは誰よりも自分がよく知っている」とかいいますが、じつは自分のことを一番知らない存在が人間だ、と私は思うのです。

もしあなたが、「あなたはいったい誰なんですか?」と何度も聞かれたら、最初に答えるのは名前だと思います。

しかし質問者から、「いや、あなたの名前が○○さんであることは知っている。それ以外にあなたは誰なんですか?」と言われたら、あなたはどう答えるでしょう。

たとえば私なら「男です、人間です、六三歳、女房一人と子ども二人の親父、会社の社長……」くらいしか思い浮かばず、せいぜい一〇個答えが言えれば良いほうだと思います。

それらを書いてじっと眺めてみてください。

すると、「え? 私ってこれだけの存在だったの?」と感じると思うのです。

また別な聞き方をして、「あなたから、名前（名刺）、肩書き、経歴、家族、人との関係、財産、過去の実績を引くと、何が残りますか？」と質問された場合、ほとんどの方は考え込んでしまって、何も答えられないでしょう。

でも人間は、本当はそんなちっぽけな存在ではないのです。

神は自分に似せて人間を創ったといいます。

その一つが人間の「自由な意志」です。

たとえばお月様を思い浮かべれば、意識は簡単にお月様に行けるし、宇宙を思い浮かべれば、宇宙にだって行けます。

誰でも〝心のあり方〟しだいでどこにだって行けるし、自分自身を自由に変えられる能力も持っていると思うのです。

このことをある偉いお坊さんに話しましたら、こんなことを教えてくれました。

「この言葉にならないものが自分自身の魂（心）であり、今生きている自分の存在意義なんですよ。死んだときにはさらに肉体が引かれて、閻魔大王がこれを見て判断するんですよ」と。

ほとんどの方は「自分」という存在を、単なる「肉体＝モノ」として見ています。自分をモノとして見てしまうと、何も残らなくなるのです。

けれども、『ただ言葉にならないだけで、何か大切なものを忘れているような気がしませんか？』と聞くと、みなさん、自分も目に見えない「心」を持っていることに気がつきます。

誰でも嫌なことをされれば嫌だと思うし、親切にされれば良い気分になります。人を傷つければずっと沈んだ気分になるし、喜んでもらえればこちらも喜びます。

こういった喜怒哀楽は万国共通で、みんな〝同じ心〟や〝同じ感じ方〟を持っていることになります。

そう考えると、自分と他人とを分けているのは、目に見える肉体に付属する名前や肩書きや形くらいなものであって、じつは同じ心を持っている者同士ばかりなんだなとわかるのです。

すると、他人との比較による幸・不幸や偏見、思い込み、差別がなくなり、人間関係で悩んだり、見栄を張ったり、変なプライド意識を持ったりすることもなくなって、心からの付き合いができるようになるのだと思います。

☆世の中でもっとも愛を感じる言霊

世の中でもっとも愛を感じる言葉で、相手の心に響く美しい言霊は何だと思いますか？

そう尋ねるとほとんどの方は「ありがとう」または「ありがとう」がついた言葉を言います。たとえば、「産んでもらってありがとう」、「健康でいてくれてありがとう」、「いつも支えになっていただいてありがとう」といった言葉ですね。

それ以外には、感謝します、大好きです、お蔭様で、また会いたい、頑張ったね、など素晴らしい言葉がたくさんありますが、もっと愛を感じる美しい言霊が世の中にはあるのです。

この言霊を成績の上がらないある営業マンの方に教えました。そうしましたら、一か月後にはめきめき売上げを上げて二倍になり、そして翌月は営業所でトップ、半年後はとうとう全社の中でトップファイブに入ってしまったというのです。

じつはこの言霊、ありがとうと言わなくてもすごい愛の力を持っているのですが、ほとんどの方は使いません。

けれども相手の心を開くことができるし、打ち溶けることもできるし、とても相手にとって美しい言葉でもあります。しかも全世界共通です。

じつは、次のマザー・テレサの有名な言葉の中にもそのヒントがあります。

『愛の反対は憎しみではなく無関心です』

無関心とは「その事や存在に興味を示さない」、「気にもかけない」という意味です。人以外の物でも行為でもこの「無関心」という言葉を使うことがありますが、マザー・テレサは人に対してこの言葉を言っているようです。

反対に、人に対して興味を持ったり気にかけたりすると、相手の方は愛を感じるということになります。

つまり、〝自分の存在を認めてくれた〟と思ってくれたときに愛を感じるのです。

反対に、自分の存在を認めてもらえないことが、人にとって一番の苦しみではないかと思えるわけです。

では、あなたの存在を表わすものは？

そうです、真っ先に思いつくのは『自分の名前』なはずです。

愛し合う恋人たちはお互いの目を見つめ合いながら、さかんに相手の名前を呼び合います。母親と子どもの会話も同じですね。

人との信頼関係、そして愛情は、相手の名前を呼び合うことから始まるのです。

社会に生きていくうえで、名前を呼ぶ習慣はとても重要です。人はどんな雑踏の中でも、自分の名前を呼ばれるとちゃんと聞こえて振り返ることができます。

つまり、自分にとって「もっとも愛を感じる言霊」、そして「美しい言霊」は、「自分の名前」なのです。

さらにこの相手の名前を、「ありがとう」の言霊の前か後ろに付けると、相手への伝わり方が数倍にもなって、とても良い関係を保てます。

「○○君、どうもありがとう」

「いつもお世話になりありがとうございます、○○さん。」

このように、名前の前後に「ありがとう」をつける習慣、ぜひ試してみてください。

苦しみの半分は人との人間関係だといわれています。

きっと良い関係やスムーズなコミュニケーションがとれるでしょう。

☆カラッポの思想

人はすぐに、この人は善人か悪人か、白か黒か、○か×かの両極で判断しがちです。つまり、相手の一面だけを見て、自分で決めつけている場合が多いのですね。

それを、自分勝手な『思い込み』ともいいます。

どんなに嫌いな上司も、家に帰れば奥さんや子どもに慕われる「良きパパ」である場合もあるのですから。

自分の周りで引き起こされる事象は、すべて意味があって起きるものだ、と私は考えます。一つの角度から見れば腹も立つし嫌なことかもしれませんが、また別の角度から見たら、それはとてもラッキーだったと後で思えることだってあるのです。

たとえば、搭乗予定だった飛行機に間に合わなかったことはアンラッキーな出来事ですが、もしその飛行機が離陸直後にテロに遭遇したとしたら?

飛行機に乗り遅れたことは、いきなりラッキーな出来事に変わってしまいます。

それを『不幸中の幸い』ともいいます。

私たちは生きているなかで、このさまざまな『不幸中の幸い』を受けているのかもしれません。ただ本人が気づかないだけで。

また、嫌なことも相手や状況が違うと、また別な捉え方や感情になります。

たとえば、顔の前でクシャミをされたら誰だって腹が立ちますが、その相手があなたの愛する赤ちゃんだったりペットだったりしたらどうでしょう？

怒りなどより、風邪を引いていないか心配になって、お世話したくなるのではないでしょうか。

そういえば、中国の思想家、荘子が同じようなことを説いていました。

『もしあなたがボートを漕いでいるところに、他のボートが無造作にぶつかってきたとする。きっとあなたは怒るだろう。

でもそのボートがカラッポで誰も乗っていなかったら、きっとあなたは怒らないだろう。カラッポにしなさい。そうすれば、誰もあなたと争わない』

Part Ⅲ

幸か不幸かを選ぶ人生の阿弥陀久慈

☆幸せの種を見つける天才

「あなたはどんな人生を送りたいですか?」……そう聞かれたとき、あなたならどんなことを思い浮かべるでしょう。

幸せ、健康、経済的な豊かさ、安らぎ、平和、安心、安定、家族、知性、楽しさ、愛、自由な時間、趣味、充実、世のため人のため、人に迷惑をかけない、やりがいのある仕事、可愛い孫に囲まれて……。

人によってそれぞれ答えが違うと思いますが、少なくともここに挙げたものがすべて人生の中で叶うことが理想でしょう。

それを一言で言えば、「毎日ニコニコ笑顔の人生」ということになるかと思います。

今、自分が幸せだと実感していない人はニコニコしていません。

今、自分が病気で苦しんでいるときにはニコニコしていません。

今、自分が経済的に困って、明日からどうしようかと思っている人はニコニコしていません。

反対に今、自分は幸せだと心から思っている人は、普段から笑みがこぼれています。

今、自分は健康でエネルギッシュだと感じる人は、笑い方も豪快で爽やかです。

今、自分は経済的に安定していて、老後も不安がないと思える人は穏やかな笑顔をしています。


「笑う門には福来たる」ということわざがありますが、じつはこれは引力と同じ法則なのです。


運や人との縁や幸せ、成功、安らぎ、そしてお金でさえも引き寄せる法則です。

反対に、運も人もお金も健康でさえも逃げていく人の顔には共通点があります。

それは、怒っているような顔、悲しんでいるような顔、眉間にしわが寄っている顔、悩んでいるような顔、難しそうな顔、悲観している顔、苦しそうな顔、おどおどしているような顔、髪で隠しているような顔、だらしない顔（無精ひげ・化粧のムラ）、憎しみの顔です。

今のあなたの顔はどうなっているか、まじまじと鏡で見てください。

そして、自分の日をじっと見つめながら、ちょっと口角を上げてみてください。

すると笑顔になるかと思います（※引きつった顔ではいけません）。

どうしても人と会って笑顔ができない人は、「あなたに会えて嬉しい！」と心に思うだけでいいです。

このように、相手の目を見ながらその笑顔で、または「嬉しい！」を継続するだけで、どんどん人生は好転していきます。

あなたの顔そのものが今の人生、そしてこれからの人生を作っているからです。

豊かになって幸せになる考え方を一つだけお教えしましょう。
不幸な人生を歩む人は、不幸の種を見つける天才です。
幸せな人生を歩む人は、幸せの種を見つける天才です。
たとえそれが小さな幸せの種であったとしても、
決して見逃さないことが成功への早道です。

つまり〝幸せの種を見つける天才だけが、幸せの人生を歩む〟ということになるのです。

ミレーの描いた「落穂拾い」はあまりにも有名ですが、私はこの幸福になる法則を「幸福の落ち穂拾い」と呼んでいます。

種を撒き、育て、収穫し尽くしたと思われる後でも、見逃した稲穂が足元に落ちている。その稲（種）を拾って育てたら、またたくさんの稲穂が生い茂り、再び私たちの命の糧になります。

一日が始まる忙しい朝でも幸せの種は無数に落ちています。

朝、目が覚める。息ができる。声が出る。目が見える。歩ける。ご飯が食べられる。便が出る……。

世の中には、朝になっても目が覚めない方は大勢います。

声が出せない方、目が見えない方、歩けない方、貧しくてご飯を食べられない方も大勢います。

それこそ一か月も便が出なかったら人は死んでしまいますね。

人は、《今が一番幸せなんだ》と感じることが大切かと思います。

☆不幸の種を見つける天才

では反対に、不幸の種を見つける天才になるとどうなるのでしょう。

そう、間違いなく不幸な人生になります。

「今の自分は不幸だ」と思っている人を見てみると、『不幸の原因は自分にあるのではなく、家族のせい、他人、社会、景気のせい、運が悪いせい』にしがちです。

するとますます愚痴や不満や怒りや批判、そして人との比較による不幸感が増し、どんどん運を悪くします。

するとますます不幸の連鎖から抜け出せなくなるのです。

もしどんな不幸なことが起きたとしても、「その種を撒いたのは自分であり、その原因はどこに？」と考えたりすると、意外と見つかることもあるわけです。

あるいは、その原因が事故などの不可抗力、もしくはどうしても自分の中に見つからない場合は、「これは厄落としだ、だから良くなる前の前兆なんだ！」と思い込むことによって、本当に人生が好転した例は数えきれないほどあるのです。

これは一見、楽天的、もしくは能天気な人と思われがちですが、実際に「楽天家ほど願いを叶える力を持ち成功する」ようです。

ちなみに、「幸せの種を見つける天才」の考え方の例を紹介しましょう。

混んでる電車…こりゃ、タダでマッサージしてもらえるなぁ
雨の日…今日は水をやらなくていい、きっと新鮮な作物ができるぞ
騙された…こりゃ授業料だな、これから注意しよっと。騙した人も早く気づいてね
嫌な上司…僕が上司になったら部下に違う接し方をしよっと。でもまずこの上司を喜ばせるには？
入院した…ゆっくり好きな本が読めるぞぉ。反対に見舞客を励ますには？

ちょっとジョークを交えた例でしたが、講演会で私はよく「人生には一切無駄がない」とみなさんに伝えてます。

その理由は、自分の身の周りで起きることはすべて必然として起きることで、ただ

その現象を自分でどう捉え考えるか……にかかっていると思うからです。

無駄な人生だと思う人は、本当に無駄な人生を積み重ねています。

トイレットペーパーを何万枚積み重ねてもトイレットペーパーのままで、置き場所に困ってしまいます。それに、屋根が水漏れしたらもう終わりです。

でも金箔であれば、何百万枚も積み重ねたら金の延べ板になり価値を生みます。

このようにたった一つの考え方の違いによって価値を与えたり、自分の幸不幸や成功か失敗かを分けているのですね。

不幸の種を育てるか幸福の種を育てるかは、すべてあなたの心にかかっています。

☆裏で真実をつかむ

私はとてもくじ運が悪いほうです。

ジャンケンではほとんど負けるし、宝くじを買っても一〇枚のうち一枚だけ当選（※誰もが当たる……）、おみくじを引いてもいつも「凶」ばかり。

『僕はついてない』……若い頃はそう思って悔しい思いを何度もして来ました。

でも考えてみれば、そこには必ず《喜ぶ人》が裏で存在しているのですね。

それにふと気づいてからというもの、私は負けてもほとんど悔しくなくなりました。

私とジャンケンして勝った人は喜びます。

また、私が宝くじに当選しなくても、買うだけでその収益金は慈善事業に使われ、多くの人がその宝くじで助かっています。

しかもどこかに必ず高額当選者がいて、少なからず喜んでいてくれるわけです。

おみくじもそうですね。

神社のおみくじが入っている箱の中には一定数の「凶」もあれば「吉」もあります。

私が「凶」を一枚引けば、その分、誰か知らない人に「吉」のおみくじが一枚行きます。

「吉」のおみくじを引いて、嫌な思いをする人は誰もいません。つまり、私が「凶」を引くことによって、知らない人に《一つの喜びを与えている》ことになるのですね。

これは『陰徳』にも当たりますから、「凶」を引かせていただき神様ありがとう！

……本当はそういった気持ちにならなくてはいけないのかもしれません。

なぜなら『嫌なことが起きたときにこそ、即座にありがとう！』と思うことが大事だからです。

「あちゃ〜、凶か、ついてないなぁ」、もしくは「わっ、凶だ、神さまありがとう！その分、誰かさんに吉のおみくじが行く」……、さて今まであなたはどちらを思っていましたか？

そして、そこに祭られている神様はどちらの心を喜ぶでしょう。

もし、あなたが神様なら？

すべては考え方一つで、幸せな気分になるか不幸な気分になるかは、《自分で選べ

る》権利を与えられているのです。

この考えは、どんなに期待はずれで自分にとって嫌な現象が起きても、同じことがいえるかと思います。

一見、「私はついてない」という表の現象には、裏では必ず《幸せの種》が隠れているのです。

仏教では手の甲のことを表といい、手のひらのことを裏といいます。

人は、物をつかんだり触ったりなど、表の手の甲よりも、裏の手のひらの方を使います。

つまり真実も、裏に隠れているものを《つかむ》のです。

良いも悪いも出来事には必ず陰陽があり、裏表があります。

つまり悪いことの裏には必ず良いことが隠れているからです。

そうすると、どんな嫌な結果であったとしても、あなたが『喜べば、喜び事が喜んで、喜び集めて喜びに来る』、この法則どおりのことが実際に起きてくるから不思議です。

そうしていると不思議なことに、良いことしか起きなくなってしまうのです。

☆「ネバベキ」より「タラレバ」

「他人はこうあらネバならない」
「自分はこうすベキである」

こういう信念の強い方は、努力しても人間関係がギクシャクしたり、病気にかかったりしやすい傾向にあります。

病気のほとんどは他人が作ったものではなく、明らかに自分自身の考え方なり、それに基づく行動が作り出した結果です。

その原因の一つが、「ネバベキ」を頑固に抱きしめているからだと思います。

「私は立場上、こうあらネバならない」、「あなたは常識的に、こうすベキだ」……。

自分が昔されたことだからと、無意識に部下や子どもに押し付けたこともあったでしょう。私はこれを《心の呪縛《じゅばく》》と呼んでいます。

まるで自ら重い鎖を何重にも身体に巻き付けて、ガチガチに歩いているように見え、このような不自由の中で生きていることが、病気の一つの原因になるように思えるのです。

人の心はもっと自由に創られたはずです。

「もしこうなっタラ、楽しいね」
「もしこうなレバ、どんなに幸せだろう」

こう考える選択肢もありますね。人は誰でも考え方は無限で自由なのですから。

一見、「現実的じゃない」、「楽天的だ」、「甘い」、「夢物語だ」と思われがちですが、しかしそのほうが幸せに生きられることが圧倒的に多いのも現実なのです。

これは、多くの成功者の共通点ともいえます。

ネバやベキの傾向性が強い方は、一様に『ガマン』をする毎日を送っています。

その証拠に、常に眉間にしわを寄せています。

タラやレバの傾向性が強い方は、眉間にしわなどなく、いつも朗らかで前向きな方が多いです。ネバベキをやめてタラレバに変えると、希望が湧いたり、ワクワクした幸福な人生を送れたりすると私は思います。

☆運の貯金

人生にはさまざまな嫌な現象がつきまといます。

たとえば「ついてないなぁ」、「嫌だなぁ」、「辛いなぁ」、「まずいなぁ」、「落ち込むなぁ」、「寂しいなぁ」、「悲しいなぁ」、「惨めだなぁ」、「苦しいなぁ」、「頭にくるなぁ」、「イラつくなぁ」、「ムカつくなぁ」、「ヤル気なくすなぁ」、「みっともないなぁ」、「気分悪いなぁ」、「憎たらしいなぁ」、「腹立つなぁ」、「うるさいなぁ」とか。

こう考えると、まるで人生とは自分にとって嫌なことだらけのメリーゴーランドのようです。でも、これらの言葉を発しても何も良いことは起きません。むしろ、声で発しただけでさらにどんどん《土壺＝ドツボ》にはまってしまう法則があるのです。「声に出す」ということは、誰かがその「言霊」を聞き、波動を受け取っているかもしれません。その波動を受けた人は決して良い感情を持ちませんし、むしろ不快に思うほうが多いでしょう。

自分が発した波動は、良いも悪いもウイルスのように空気に乗って伝染するのです。

そして増幅されてまた自分に帰ってくる。後で時間を置いてまた自分に、嫌なことが大量に押し寄せてやって来るようになるのです。

目に見える物やお金は、使えば使うほどどんどん消耗し確実に減っていきます。**けれども発する言葉のように、目に見えないものは、使えば使うほどどんどん増えていく特徴があるのです。**

小さな声での囁《ささや》きや独り言も同じです。それは、自分自身の声を、身体の六〇兆個の細胞がちゃんと耳をそばだてて聞いているからです。

「でもそう言われてもなぁ、つい言葉に出ちゃうんだよな、言わないとガマンすることにもなるし、スッキリもしないし……」

そこで私の特別な解消法をお教えします。

私を含めて、ダメだとわかっていても、人はそう簡単に思うとおり性格も癖も変えられません。しかし、ストレスを解消する目的でこれらの言葉を発するなら、《ある条件》を守りさえすれば大丈夫です。

その《ある条件》とは、『絶対に人に聞かれないようにする』ことと『思い切り大声

で叫ぶ』ことの二点。

ですから、海に向かって叫ぶ、または車の中で……が理想です。

私の場合は、《嫌な言葉》を総称して、猪木さんのように「バカヤロー！」です。するとなぜだかわかりませんが、モヤモヤした頭がスッキリして、細胞が蘇る感じがします。たぶん大声で叫ぶことで、自分の意識にカツを入れる？　細胞にも？　波動が交差して《陰陽逆転現象》が起きるのではないかと思います。

これは、悪い現象が続く連鎖を食い止める方法でもあります。

けれども、もしできるならば、《嫌な言葉》を言いたくなったときにこそ『ありがとう！』と即座に声を出す習慣を身につけることが理想ですね。

ジャンケンで負けても、宝くじにはずれても、おみくじで凶を引いても、間違いなく自分以外の誰かに喜びを与えている訳ですから。

私は《表と裏》の法則で、人に与えた喜びが《大切なとき》にまた循環されて自分に、しかも一回り大きくなって還ってくる法則が宇宙にはある……と確信しています。

そう考えることで、未来への貯金、つまり《運の貯金》に変わるわけですね。

☆人生の阿弥陀久慈《くじ》

『人生は、まるで阿弥陀くじのように多くの選択肢に分かれていて、その選択しだいで幸にも不幸にも分かれ、貧乏や大金持ちにもなる。そして今の自分はその選んだ結果である』

こういう人生観なり運命論をお持ちの方は多くいらっしゃいます。

たしかに、宇宙の原因結果の法則からすればそのとおりだと思うのですが、私は少し違う見解を持っています。

「人は誰しもが生まれるとき、人生の目的と使命を果たすために、一枚の設計図を持って生まれて来る。そこには膨大な選択肢が縦横無尽に書かれており、人との縁で、より使命を果たしやすくなる」

これは私の人生観の基本概念です。

たとえば、『大金持ちになって恵まれない子どもたちを助ける』といった使命を持っていたとしましょう。

でも実際は、選択肢によっては大金持ちになることはできず、一生貧乏になることもあるのです。

けれどもある人は、自ら選択して児童養護施設に就職し、朝から晩まで一生懸命に、親に見捨てられた子どもたちを支えました。

ある人は、子どもが学校にも通えない貧しい国で、野外や軒先を借りて子どもたちに勉強を教えました。ある人は、里親制度に申し込み、身寄りのない子どもたちを引き取って懸命に育てました……。

このように、人生の選択肢は多くの道に分かれ、結果も異なりますが、結局は『子どもたちを助ける』という目的と使命を果たしているわけです。

それは、大金持ちになることが目的ではなく、子どもたちを助けることがもっと大きな目的だからです。

大金持ちは『子どもたちを助ける』という目的を達成するための一手段であり、また単なる選択肢の一つに過ぎなかったわけです。

たとえばもう一つの例で、『お金の大切さを学ぶ』という共通の使命を持っている方が二人いたとします。

一人は、苦労を重ねて大金持ちになり、「一円の大切さ」を学びました。

一人は、失敗の連続でどん底の生活となってしまいましたが、同じ「一円の大切さ」を学びました。

このように、どの道を選択するかによって金持ちか貧乏かの差はあるけれども、どの道を選択しても、それぞれが約束して生まれた目的と使命を果たし、魂の学習を終えて帰るわけです。

じつは私は、この約束した目的と使命は、どんな人も一〇〇パーセント叶えて帰って来ると確信しています。これを私は、『阿弥陀久慈《くじ》の法則』と呼んでいます。

誤った道を選択して目的と使命を果たせず一時的に失敗したと思っても、またすぐ次の救いの道が現われる。そして最終的には目的と使命を果たして帰って来る。神仏からの永久の慈悲システムですね。

神仏は決してお金や贅沢《ぜいたく》な暮らしに価値を置いてなく、神仏が望むものは、その目的と使命を達するための『努力と汗』、そして『思いと気づき』、さらに『希望を持ち続ける』ことだと思います。

☆煩悩と除夜の鐘

人間にはなぜ「欲」というものがあるのでしょう……。

仏教では欲のことを「煩悩」といい、人間が克服せねばならないことで、欲は苦しみの原因でもあるといいます。

だから「取り去れ」と。

本当にそうなのでしょうか?

もしそうならば、なぜ神はすべての人間に欲を与えたのでしょう?

人間を苦しませたいから?

……またいつもの疑問癖が出たようです。

「煩悩」は全部で一〇八あるとされています。

その代表的なものが食欲、睡眠欲、性欲です。

しかし、これらを取り去ったら人間はいったいどうなるのでしょう。

人類が栄えないどころか、きっと絶滅してしまうに違いありません。

本当に仏陀がそんなことを言ったのでしょうか？

じつは、仏陀は一言もそんなことは言ってはいません。

「煩悩を取り去れ」とは、後の弟子たちが教団を守るための、単なる組織上のルールであったのです。

「仏道修行の妨げになるから」という、後の教団組織の都合です。

じつは自然界にはそんな都合もルールもありません。

昔、ある密教僧に聞いたことがあります。


「煩悩を取り去るための修行はなぜするのですか？」

『悟るためである』

「では、何のために悟る必要があるのですか？」

『苦しみからの解脱である』

「では、苦しみはどこから来るのですか？」

『煩悩があるからである、よって煩悩を取り去る必要がある』

結局、堂々巡りで終わってしまいました。

しかし本当に欲を取り去ったら、苦しみが消え、みんな人生が幸せになるのでしょうか？

じつは、欲や煩悩があるから人々に苦しみが生じるのではありません。

欲とは苦しみどころか、むしろ［喜び］のために神が人類に与えたものなのです。

煩悩の数が一〇八なのではなく、喜びの数が一〇八あるのです。

ただし、欲が極端に強くなり偏ると、たしかに苦しみや悩みの原因となります。

それは、「ネバベキ」や「自分さえ良ければ……」になるからです。

これは自分勝手な思い込みから来るもので、決して自然界にはない不自然さです。

よって人の苦しみとなるのです。

例を述べましょう。

『食欲が両極に偏れば、一方（食べ過ぎ）はメタボになり、一方（食べることを拒否）は餓死する』

『睡眠欲が偏れば、寝過ぎも寝不足も、どちらも健康を害することは医学的に証明されている』

『性欲が強くなり過ぎて外に向けられると犯罪になり、まったく無くても人類は滅亡する』

『金銭欲が無さ過ぎても、また有り過ぎても、人が離れたりして共通の苦しみを生む』

……

かといって、私は両極を否定しているわけではありません。

必ず世の中には両極が存在しているからこそ、中道があるのも事実です。

地球のN極とS極の両極が無ければ、地軸が狂い自転も公転もできません。

天と地の境目が無ければ、私たちはいったいどこに住むのでしょう。

男と女の両極があるからこそ男女の愛が生まれ、新しい生命を生むことができます。

目に見えない引力や空気や磁力があるからこそ、目に見える物質の安定やエネルギーが生まれます。

光があるからこそ影ができます。

個人の集合組織が社会であり、そこに発展と進化がのぞめます。

天から与えられた環境（他力）があるからこそ、自力が生まれます。

外界があってこそ内界があり、表があってこそ裏も存在します。

そして、これらはその逆もまた真です。

特に幸と不幸は、一つの現象に対する個別の考え方によるもので、両極でありながら表裏一体です。

このように、はっきりと両極に分かれた世界の中に私たちは存在していますが、万物すべてに両極があってこそ、バランスを保とうとする調和というエネルギーが生まれるのです。

そして、そのバランスが崩れたり偏ってしまったりすることを不調和と呼び、不幸を招くのだと思います。

調和とは、決して両極を否定して『真ん中』を選ぶ行為ではなく、両極をバランスよく包括してこそ、調和と呼ぶと思うのです。

つまり「調和」とは、両極を知ることなんですね。そして欲というものは先ほどの例のように、どちらに偏っても調和が取れなくなり、破滅する運命にあります。

欲を喜びの種にする秘訣は、欲の持つ両極のバランスを取ることにこそあるのです。

夫婦とはまさに両極の関係でありながら、お互いが認め合い助け合うことによってバランスを保てる関係です。

よって愛の証であり、喜びの対象である子どもが誕生するわけです。

また、自転車に初めからスイスイ乗れる人は、世の中に一人もいません。補助輪を付けてもらったり親が後ろを支えてくれたり（他力）、右に転び左に転び（自力）、両極を体験してこそバランス（調和）が整うようになります。

そこで初めて、目的地（彼岸）に素早く到達できるようになるというわけです。

人生はまさしく、これと同じ法則によって成り立ちます。

一〇八の欲は煩悩ではなく、両極を網羅した中での調和を取ることによって、「煩悩すなわち仏（煩悩即菩提）」となり喜びに変わるのです。

除夜の鐘で一〇八の鐘を鳴らすのは、一〇八種類の煩悩を消し去ることではなく、「来年こそ偏った欲を調和して喜び溢れた年にしよう」という意味だったのですね。

結論を言うと、欲は苦しみの原因になるのではなく、神が人類に与えた慈悲であり、夢と希望そのものなのです。

Part Ⅳ

見えないチカラを味方にする

☆運の悪いウサギ

運は、自分の力では変えられない偶発的な代物だと考えがちですが、じつは運というものは、その法則を知り、考え方を変えるだけで、どんどん良い方向に変えられるものです。

運の良いウサギと運の悪いウサギの違いを知っているでしょうか？

運の良いウサギは、自分の巣から外に餌《えさ》を探しに出る際に、素早く、そして躊躇《ちゅうちょ》せずに餌場までダッシュし、餌を素早くむしってから、またすぐにダッシュして巣に戻り、それからゆっくり食べるのだそうです。

けれども運の悪いウサギというのは、外に敵がいないかどうか周囲を伺いながら、ビクビクして巣からゆっくり出て来て、恐る恐る餌を食べるのだそうです。

すると天敵である野犬やイタチ、トンビや鷲、ふくろうなどに狙われて命を落とすのだそうです。

つまりビクビクして躊躇しているウサギは、『弱っている獲物』と天敵から見られ、狙われやすいのです。

人間社会も同じで、たとえば高速道路での事故が多いのは、高速道路に入る合流時です。

たしかに、ビクビクしながら徐行して合流すると衝突事故に遭《あ》いやすく、一定速度まで急加速しながら合流すると、スムーズに車の流れに乗ることができます。

つまり、「やる!」と一旦決めたことは、躊躇せずに思い切って行動することが、運を拓くコツなのかもしれませんね。

☆「3アナイ」主義

いつの時代もそうですが、新型ウイルスとか世界的な不景気とか、今後ますます様々な危機や困難が待ち構えていると思います。

そのなかで、ただ単にその対策をするだけでは限界があると思われます。

最大限の智恵を持って最善の努力と対処を行なうのは当然ですが、人生には〝運〟の影響があることも忘れてはなりません。

むしろ今後、ますます〝運〟を持つことが大事な時代に入るかと思います。

実際に世界の成功者といわれる方の八〇パーセントは、「成功の秘訣は、たまたま〝運〟が良かったからだ」と述べています。成功法則や成功哲学の本を読んで成功した人がいないのは、この〝運〟を無視しているからです。

明治時代の文豪で宗教家でもあった幸田露伴（一八六七〜一九四七年）は「恵まれた幸福な人生を全うするには積極的に行動し機を逃さないようにすることも大切だが、

根底には大宇宙からの〝運の作用〟があることを人は知らない」と述べています。つまり、不幸な人生を歩むほとんどの人の共通点は、〝運〟の作用を無視しているというのです。

〝運〟をつかむ大前提は、まず《自分の〝運〟を意識すること》からはじまります。今、自分はついている状態なのだろうか、それともついていない状態なのだろうか。今、自分は上昇過程にあるだろうか、それとも下降過程にあるのだろうか……。このように、今の自分がどういう状態であるかをまず自己分析してみるのです。決して占いの本で分析することではありません。自分の感覚で自分の状態を測ってみるのです。

次に、幸田露伴は〝運〟について次のように三つに分けています。

①惜運＝感謝と謙虚です。運が良かったことに対して傲慢になっていないか。勿体ないは「有難き」です。「実るほど頭《こうべ》を垂れる稲穂かな」の心境です。

②分運＝幸福を分け与える気持ちと行為です。運は与えたからといって減るものではなく、むしろ増えていくものです。

③植運＝どんなに素晴らしい種を植えても、岩場であれば実を結びません。そこには

真の情報と智恵に基づいた《行動》が必要です。

以前、私の会社で、元神奈川大学の関邦博教授と一緒に仕事をやったことがあるのですが、彼は英国の情報誌『Nature』に掲載されるほどの世界的な〝運〟の研究者で、「〝運〟を引き込むためには『3アナイ主義』が絶対に必要である」と、二四冊に及ぶ運の科学レポートを出版しています。

「3アナイ主義」とは次の三つです。

「アキラメナイ」、「アセラナイ」、「アテニシナイ」

この三つさえ毎日意識して生活すれば、自ずと〝運〟が開けてくるといいます。

実際に関教授は、友人の保証人になり、数億の借金を作ってしまい自殺まで考えたそうです。

その原因は〝運〟にあると思い、この偶発的現象を科学的に解明するまで死なない……と決心し、その研究がはじまり、〝運〟に関する書物を洋書を含め既に十万冊以上読まれたそうです。

教授は執筆を続けながら不思議な幸運が次々と訪れ、今や大金持ちの一人となって悠々自適に海外で暮らしています。

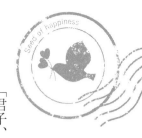

☆良い運気をもらう方法

「君子、危うきに近寄らず」という言葉がありますね。

この意味は、「教養があり徳がある者は、危険なところには近づかない」ということです。つまり、危ないか危なくないかの判断も、知恵や情報、そして運やインスピレーションによって決定されるということになります。

掌に刺身包丁を上から落としたら、ズブッと掌に突き刺さります。

こんな愚かなことは誰もしないと思いますが、それをなぜしないかといえば、〝引力の法則〟を知っているからです。引力の法則を知っている、もしくは体験しているからこそ、そんな危ないことはしないわけです。

でもこの〝引力の法則〟を知らない人は、「なぜ包丁が掌に刺さったんだろう?」、「なぜ俺だけが痛い思いをしなくてはいけないんだろう?」と思ってしまいます。

病気も貧乏も不運も、自分が望まない方向に行った場合は、すべてそうなる〝法則を知らない人〟だから、ということになります。

人はみな、幸せになるために生まれてきました。

けれども、幸せになる方法を知らないがゆえに、苦しんだり不幸になったりしていると思うのです。

〝運〟というつかみどころのない、一見、自分の自由にならない世界にも同じ法則はあります。

「君子、危うきに近寄らず」は、じつは「近寄らず」の考え方に、運にとって大事な核の部分があるのですね。

『運』というものは、まるで伝染病のように、人に移る性質を持っているからです。

運の悪い人に近寄って関わると、本人が知らぬ間にその運をもらってしまうのです。

悪い運気が移るパターンですが、人の「愚痴《ぐち》」を聞いたりして、一緒になって感情移入をしてしまうと「気痴《けち》」の連鎖が起きはじめ、自分の運気も悪い方向に巻き込まれてしまいます。この感情移入が曲者なんですね。

愚痴を言う人に生半可な同情をかけたり、お金の無心などで頼られたりしてしまうと、その人との悪い縁のパイプができてしまうんです。

お金を貸すくらいなら上げたほうが運を失わずに済みます。

これは人だけでなく〝場〟に対しても同じで、交通事故が多発している現場に花を供えてあるのを見かけたことが誰でもあると思います。そんなとき、亡くなった方の関係者でもない人が、「可哀想だから」と安易に手を合わせてしまうと、その場の波動を受けてしまい、自分も引きずり込まれる可能性が高いのです。

気が滅入るような暗くなるような話を聞いたり、嫌な気分になったり、その空間に長くいると疲れてしまったりするのは、その人や場にパイプ（縁）ができてしまって、どんどん悪い「気」が入り込むからです。

そういう人や場とは、スパッと縁を切りましょう。

では反対に、良い運気をもらう方法は？

ヒントは、今まで書いたことと逆の縁を結ぶことです。

運の良い人に会って話をする、成功者に会う、明るくて清潔な店で食事をする、雰囲気の良い繁盛店でウインドウショッピングをする、「イヤシロチ」と呼ばれる波動の良い場に赴く、森林浴を楽しむ……という具合に、なるべく気分が爽やかになる人や空間、場と接するようにすることですね。

☆馬鹿はバカになれない

「馬鹿はバカになれない」という言葉があります。

本当の馬鹿とは、自分の愚かさを自覚していない人のことをいいます。

いつも自分を大きく見せようとし、プライドが高くて要領が良く、損得だけで人と接している人のことを〝馬鹿〟というのだそうです。

だから自分の立場が悪くなったり、不利益になったりするような〝バカな〟ことなどしない。

たとえば、愛や正義のために自分を犠牲にしたり、みんなが嫌がる仕事を率先してやろうとしたりはしない。

つまり、「自分さえ良ければ」の人。

でもじつは、「自分さえ良ければ」、「私は要領が良くてうまく世間を立ち回っている」と思っている方ほど、周りの人はそれを見抜いています。

要するに、人生を幸せに生きるための《要領が悪い》ので、結果的には損をしている場合が多いのです。

このことについて、仏陀、つまりお釈迦様はこう仰っています。

『自らの愚かさに気づく者は、もう愚か者ではない、自らを省みることを知らず、自分ほど賢い者はいないと思うことのほうが、どれほど愚かであろうか』

経営者の会合に出ると、自らを大きく見せようと自慢する社長が往々にしていらっしゃいます。

「私の力だけでこの会社を大きくした」、「先日、有名人の誰それと酒を飲んだ」、「ニュース番組で紹介された」、「分刻みのスケジュールでいつも忙しい」……。

すべて事実でしょうし、ビジネスに繋げようとの動機はやむを得ないことなんでしょうけれども。

自分の自慢話だけで終始していた社長は、五年もするとその会合に顔を出さなくなる方が多いようです。

会社が経営不振に陥ったり、潰れてしまったりして、会合どころではなくなるのでしょう。

「はじめに」でもお話ししたように、世間一般には、起業した会社の存続率はとても低いのです。

設立一年＝四〇パーセント、設立五年＝一五パーセント、設立一〇年＝六パーセント、設立二〇年＝〇・三パーセント、設立三〇年＝〇・〇二パーセント。

起業した五〇〇〇社のうち、三〇年後にはたったの一社しか生き残っていないのが実情です。

そこにはいろんな事情があるでしょうが、社長の姿勢の影響も大きいと思います。生き残っている会社の社長の口からは……。

「自分はこういう愚かな失敗をしたが、このアドバイスで乗り越えることができた」

「こういう制度を実施したら、従業員にやる気が出て業績がアップした」

このように、単なる自慢話ではない内容がよく出てきます。

第一に聞いている私も、とても参考になります。

物静かで老齢な社長ほど謙虚で、しかもじっくり話をしてみるとじつはすごい人だったりして、第三者の視点からタメになる情報がいろいろ聞けます。

ことわざにあるとおり『実るほど頭を垂れる稲穂かな』が大切なんだと思います。

☆我が我がの我を捨てて、お陰お陰の下で暮らす

数年前、親しい社長同士の食事会で、ふとこんな言葉が話題になりました。

「我が我がの我を捨てて、お陰お陰の下で暮らす」

この言葉の語呂がいいのでずっと覚えていました。

調べてみたら元々は、新潟の私の実家近くの良寛和尚が言った言葉でした。

この言葉を何度か頭の中でくり返すだけでも、言葉のパワーを感じるかと思います。

でも、感謝や謙虚が大事と人は言うけれども、じゃあその感謝と謙虚をどう表わせばいいのか。「ありがとうございます」、「いえいえお先にどうぞ」……、これだけ言ってやっていればいいのか。この言葉にはもっともっと深い意味があるように思えます。

人は自分一人で生まれてきたのではなく、両親、先祖という肉体的な縁があった。

もし、自分を産む前に親が堕ろしたら？　もし、生まれてから乳をくれなかったら？

もし、オムツを替えてくれなかったら？　もし、育児が嫌になって橋の下へ置き去り

にしたら？　もし、危険なことをしても叱られなかったら？　もし、学校に行かせてもらえなかったら？　もし、熱でうなされても誰も看病してくれなかったら？

そしてその親も、そのまた上の親も、この「もし」で考えてみると……。

まさに今自分が生きているのは奇跡ともいえる感謝、お陰さまですね。

肉親以外でも、友人、近所の人、物を売ってくれるスーパーの方、卸業者、農家の方、漁師の方、精肉業の方、林業の方、水道局の方、ガス会社の方、電気会社の方、ごみ収集の方……このように数え上げたらきりがないほど、自分という一人の命を支えるために多くの方が働いてくださっています。

そして、自分が生きていくためにはどうしてもお金が必要になってきます。

そのお金も、会社の社長、先輩社員、後輩社員、同期、営業の方、事務職の方、業者さん、取引先、商品を買っていただけるお客様、電話会社、宅配便の方、パソコン会社、家を守ってくれる家族……などの多くの関係者が働いてくれることによって、自分の生活を支えるためのお金が生み出されています。

そうやって考えると、お金というものはモノではなく、感謝やお陰さまの集合体ということになりますね。

Part V

誰も教えなかった究極の成功法則

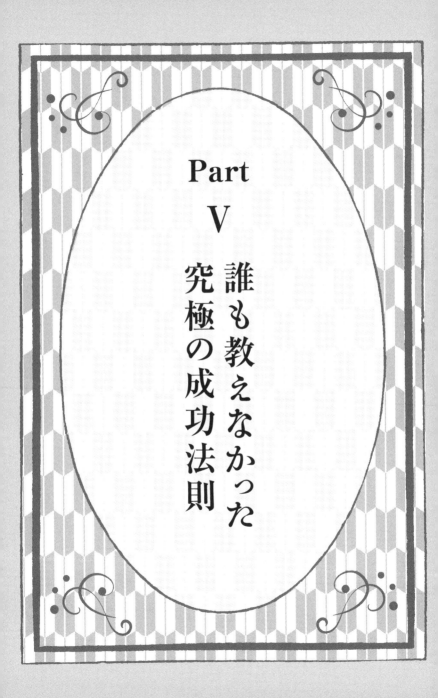

☆努力を楽しむ

当社は設立当初、通信教育の販売会社から依頼されて、成功法則や成功哲学、能力開発などの教材を通信教育用に制作するのを主業務としていました。

日本でまだ発表されていない海外の知的所有権を取得し、日本向けの教材に仕立て上げるのです。

当時そうした教材制作には当社がほとんど関わっていたと言ってもいいくらいでした。

多くの成功哲学や成功法則の書物の中で、私が『これがもっとも成功に導く核心部分ではないか』と思った内容がありました。

けれどもなぜか、どこの教材販売会社もこれを採用せずカットしてしまったのです。

それは、膨大な資料の中で、世界の大富豪からアンケートを採った内容でした。

その内容とは、「あなたが成功した理由を正直に答えてください」という問いに対して、答えた人の八〇パーセント以上が、『たまたま運が良かったから』と答えていたというものです。

もちろん高い志とか、目標の設定とか、諦めない心とか、才能とか、人材とか、人並み以上の努力とかいったこともあることはあるのですが、でも彼らの究極の本音は『運が良かった』の一言に尽きるのだそうです。

成功法則の本質が〝運〟の一言で片づけられたら、当然教材として成り立たないからカットされたのでしょう。

たしかにどんなに才能があっても、または努力を積んだとしても、失敗するときは失敗します。

「運が良い悪い」とは偶然の産物であり、その六〇パーセントは自分の思いのままにはなりません。

しかし残りの四〇パーセントで自分の「努力を楽しむ」ことによって、良い運を身につけることはできると思います（20頁を参照）。

単なる努力ではなく、そこには「楽しさ」が伴っていなければならないのです。

どんなに強い意志や目的を持っていたとしても、それに向かって行く楽しさがなければ途中で挫折することは目に見えています。

強固な意志だけで継続して突き進んでいくなど、人はそんなに強くはありません。**また、成功者と失敗者との差も大きな開きがあるわけではなく、むしろほんのわずかな考え方の違いなのです。**

成功者は、どんなに困難な状況であったとしても、苦労を積み重ねたとしても、常に楽しんで行動し努力を続けているからこそ、チャンスをものにできるのでしょう。

言ってみれば、「努力を楽しむ」とは、まるでプラモデルを夢中になって組み立てるようなものです。

そうなると、「努力」とはもう言えないのかもしれません。

プラモデルの完成した姿を思い浮かべながら、ワクワクドキドキ、寝食忘れて夢中で取り組む……。

成功者は楽しむことによって、自分の思いのままにならない六〇パーセントの運にも影響を与えることができ、そしてトータル一〇〇パーセントの強運になったときに、最終的な夢が実現するのではないだろうか……と私は思います。

「努力を楽しむ」ことは運を誘い込むのですね。

☆砂漠での祈り

大事なことなのでくり返しお話ししますが、引力を知らない人は、手の上から刺身包丁を落として突き刺さっても、なぜ突き刺さってしまったのだろう……と一人で痛がって悩んでしまいます。

人は、幸福の法則を知らないために不幸になり、健康の法則を知らないために病気になり、成功の法則を知らないために貧乏になっています。

法則を知ってそして実践さえすれば、誰もが幸福になり、誰もが健康になり、誰もが成功するのです。

大宇宙の法則や現象とは、じつはとてもシンプルにできています。

それは、『原因と結果』という大宇宙の根本法則があるからです。

つまり、「自分の思いと行ない（原因）が、自分の人生（結果）を作り上げている」ということです。

成功と失敗の違いについてお話ししようと思いますが、まずその前に、何を持って成功と呼ぶか、何がどうなったら失敗なのかを考える必要があります。

「一億円あったら成功者だ」「豪邸に住んだら成功者だ」「会社が株式上場したら成功者だ」……

では、マザー・テレサは失敗者なのでしょうか？　激動の生涯を歩んだ天才画家ゴッホはどうでしょう？

このように成功の尺度や定義は人によって様々なはずです。

するとそこに、ある一つの答えが見えてくると思います。

それは各人の『考え方の違い』です。

価値観の違いと言ってもいいでしょう。

具体的に次の問題を考えてみてください。

《問題》「砂漠での祈り」

ある一人の旅人が、フラフラになって砂漠をさまよっていました。

ラクダは倒れ、今にも喉の渇きと空腹で死にそうです。

そこで神に祈りました。

「神よ、今にも私は死にそうです、どうか私に水と食べ物をお与えください……」と。

けれどもその願いは神に届きませんでした。

一方、やはりある旅人が砂漠をさまよって、同じように喉の渇きと空腹で苦しんでいました。

そこで神に祈ります。

今度はこの旅人の願いは聞き届けられました。

さて、この旅人はどのように祈ったのでしょう？

☆神と人間との関係

この問題を考えているとき、あなたの意識はそこにいなかったと思います。

どこかの国の砂漠で、間違いなく遭難の現場にいたはずです。

一緒に連れて行った愛するラクダと共に、喉が渇き、お腹ペコペコで力尽きてしまい、その場でしゃがみ込み、「あ〜、これで私もおしまいか」と。

「一緒にここまで来てくれたらくだよ、お前には申し訳なかったなぁ」と。

村に残した家族のことも思い出したことでしょう。

友人や、お世話になった方々の笑顔も浮かんだと思います。

もし私なら神様に祈る心の余裕などなく、『ごめんなさい、ごめんなさい、愚かな私を許してください』と、ただひたすら涙が溢れて来ると思います。

そして今までの人生で、縁で出会ったすべての人々に対して、『ありがとう、ありがとう』そんな言葉しか出てこないと思います。

そして、『なんでこんなことになっちまったんだろう』と、準備を怠った自分の軽率さを呪うかもしれません。

リスクを考えずに旅に出た自分が悪い……。

このように、自分を責めるだけ責めると思います。

そして後は死ぬだけ……。

絶望のどん底です。

私はついに諦めて、大の字になって天を見上げたら、夜空にお月さまが、そして無数の星たちがいっぱいに広がっている……。

それを見て、ふっと、自分が宇宙空間の中にいることに気づきます。

自分の存在というものは、いかに小さなものだったか……。

人生六三年、宇宙の膨大な時間と比べたら、ほんの一瞬の出来事なんだろうな。

いかに自分が、取るに足りない存在だったかを思い知るかと思います。

そんないろんなことが心の中を交錯し、死が間近に迫ったとき、そのときに初めて私は祈ると思います。

僕は本当にこのままここで死ぬのか、本当にそれでいいのか、いや死にたくない、いや、死ぬわけにはいかない、できたら生きたい、こんな僕でも待ってる人がいる、必要としてくれる人がいる、愛してくれる人がいる、愛する人がいる、生きたい、僕は生きたい、まだやり残したことがあるんだ、やりたいことがあるんだ！　クソッタレ〜、死ぬもんか！　神さまー！！！

こうしてやっと、初めて神様のことを思い出すことができるかと思います。

『困ったときの神頼み』、人間の力なんてたかが知れています。

一人の人間の力では、神の力には到底かないません。

神は人間に、何度も「これにつかまれ！」と手を差し伸べているのに、その手を振り払っているのが私たちかもしれません。

天が我を見放したのではなく、我が天を見放したのです。

素直にただ助けを求め、その手につかまる……。

それが神と人間との関係なのかもしれません。

☆給料を簡単に上げる方法

じつは「砂漠での祈り」、昔、経営者が集まる会で講演したときに話しました。

すると不思議なことに、設立三〇年以上のベテラン経営者だけが同じ回答をしたのです。

既にお話ししたように、三〇年も続く会社は、統計学に〇・〇二パーセント……つまり、起業五〇〇〇社のうち、たったの《一社》しか継続していないのが実情です。

そして当社もその中に入りますので、やはり他のベテラン経営者たちの回答と同じでした。

それは……


『神よ、どうか私に水を得る方法と、獲物の捕り方をお教えください』

つまり「神よ、今にも私は死にそうです、どうか私に水と食べ物をお与えください」では、神は願いを叶えてくれないということです。

ベテラン経営者は孤独のなかで、幾度も決断をして生き残った会社の社長たちです。

多くの人に会い、多くの社員と家族を抱え、さまざまな苦労と実践を積み重ねた社長たちです。

事業に失敗して、死を覚悟したようなことも何度もあったでしょう。

そして全員の経営者が、神棚を設置しているのも不思議な一致ですね。

しかも経営者のみなさんは、ご自分の第六感や、インスピレーションを大切にされている方ばかりでした。

自分を含め、人間の力なんてたかが知れている。

いわば、目に見えない存在やチカラを信じている人ばかりなのですね。

ビジネスにうまい話などありません。

そして、いつも生きるか死ぬかの世界です。

神様に商売繁盛は《祈願》しますが、神様は何も努力しない会社には繁盛させようがないと思われます。

いかに私たちが自分の頭で考え、悩み、そして工夫するか。生きることを諦めず、努力しないかぎり、神様は働いてくれないと思うのです。

誰にも迷惑をかけず、みなが喜ぶ正しい方法で……。

それが、私たちが経営者をさせてもらっている使命だと思います。

ですから真の経営者は、ただ「これを私に下さい、あれを私に下さい」と神に祈らないと思います。

水を得る方法、食料（獲物）を捕る方法、そのための《インスピレーション》や《ヒント》をお与えください……、そのように神に祈願します。

社員と社長の関係も同じです。

「給料上げて下さい、ボーナスたくさん下さい」

実績もなく努力もしない社員に、そのまま言うとおりに従う経営者は一人もいません。

上げたら、その一時だけ社員は喜ぶでしょう。でもその社員は、今後発展もなければ進化もないでしょう。

よって会社は発展するどころか、そんなことしたらすぐに潰れてしまいます。

潰れたらいろんな人に迷惑を掛けますし、社会貢献もへったくれもありません。

でも、「社長、家の事情で給料を上げてほしいのですが、私はどう努力したら今より

収入が上がりますか？　そのヒントだけでも私に下さい……」。そういうアドバイスを私に求められたら、私は喜んでそのチャンスを与えると思います。

だから神様と社長の関係も同じです。

むしろ神様は、人間以上の喜怒哀楽や情をお持ちなのではないかと私は思っています。

《祈願》とは神との契約で、自分の努力との交換条件だと思います。

つまり神様は、自らの力、つまり《自力》に応じてチャンスを与えてくれると思います。

『願い』への成就は、自力と比例するのです。

☆成功と失敗の違い

ベテラン経営者の方たちの意見は、やはりシビアというか、神への考え方もビジネス的かもしれません。

先の「砂漠での祈り」で神に願いを聞き届けられた旅人について私の考えをお話ししましょう。

生き残った旅人は、決して《生きることを諦めず》、真剣に神に祈り続け、水を得る方法と獲物を捕るインスピレーションをもらいました。

水を得るために、日の暮れた砂漠にビニールを張り、地面（地球）から上がる湿気を一か所に集まるよう工夫し、それをラクダと一緒に分けて飲みました。

同時に、紐《ひも》と籠《かご》を使っておとりを仕掛け、クモなどの小動物を餌に、砂漠ネズミや鳥を獲物として捕獲し、他の旅人にも分けて助けました。

助かった旅人は、神への《全託》の思いで祈ったお陰もあったでしょう。

人は生まれた以上、幸せになる使命をみなが持っているから、決して《生きる》ことを諦めないようになっているのです。

生きることを諦めない……、これは人生においてとても大切なことかと思います。

誰もが健康に生きて幸せになることは、欲でも執着でもありません。

神が人類一人ひとりに望む、《使命》そのものなのですね。

ですから神は、生きる希望を持ち続けるかぎり、協力しようと手を差し伸べます。

神は、まるで太陽のように分け隔てなく、悪人善人を問わず、いつも気づきの手（慈愛の光）を差し伸べているのです。

この二人の旅人の違いとはいったい何でしょう？　答えは『考え方の違い』です。

この考え方の違いによって、幸不幸が分かれ、成功失敗を分ける決定的な違いとなるのです。

『原因と結果の法則』とは、考え方の違いや行動（原因）によって、答え（結果）が違ってくることなのです。

☆明日、地球が滅亡したら？

昔から「若い頃の苦労は買ってでもせよ」といわれます。

たしかに成功した人は、本人が実際にどう思っているか別にしても、何らかの苦労をした人が多いと思います。

苦労の意味とは「精神的、肉体的に力を尽くし、苦しい思いをすること」です。

そこには世間や人と触れ、泣きたいくらいの辛い思いや口惜しさを経験することによって社会の礼儀や作法、そして人情の大切さを知ることの意味も含まれるでしょう。

そしてそれらの体験が自分自身を一まわり大きくし、また大いなる自信へとつながり、より一層の発展と進化を遂げることになります。

それだけ苦労するということは大事なことです。

けれども、苦労する必要がないことが二つだけあります。

それが「取り越し苦労」と「持ち越し苦労」です。

「取り越し苦労」とは、起きてもいない未来について、あれこれ気に病むことをいいます。先のことばかりを考えて、「ああなったら、どうしよう」、「こうなったら、どうしよう」と心配ばかりしていることですね。

もう一つの「持ち越し苦労」とは、起きてしまった過去について、あれこれ持ち出して気に病むことをいいます。「あのときこうだったから、きっと今度も何かあるに違いない」、「あのとき失敗したんだから、今度もきっと失敗するに決まっている」など、過去の失敗体験をいつまでも引きずってクヨクヨ考えてしまうことです。

あれこれ「気に病む」から病気を誘い込むのかもしれませんね。

じつは両方とも、自ら病気と不幸を招く苦労で、人生においてまったくする必要がないのですね。なぜなら、未来から、そして過去から悪いところをわざわざ引っ張り出して、嫌な思いをするために苦労しているからです。

凝り固まった先入観とか固定観念でガチガチになって、モチベーションも下がり、当然自信も湧いてきません。

未来とはまだ起きていないことなのです。過去は過ぎ去ったものです。

つまり両方とも「今」ないものなのです。

「今」ないもの、または「今」ありもしないものを不安に感じることはとてもおかしなことです。

ちゃんとした根拠もないのに、ただ闇雲に不安に思うことは愚かです。

不幸や最悪のことを常に考えながら幸せになることは絶対にないのです。

どうしても最悪の状況を考えてしまう癖の人は、反対に最高の状況を考えてみましょう。最悪（リスク）と最高（可能性）を天秤にかけることによって、心のバランスが整ってくるかと思います。

すべてがうまくいく人は、良いところばかり見る癖ができていて、「前もうまくいったから大丈夫」と、ほとんど根拠のない自信でいっぱいの人が多いのです。

それは、過去に起きたことはすべて幸せになるための経験だということを知っているからです。失敗も。

どんなに未来に不安材料があったとしても、『今、私はここに生きている！』と思うことが大事だと思うのですね。

明日に何が来ようとも、今この瞬間に全力で生きるのが真実だということです。

次の言葉は、宗教改革者のルター、または東欧の詩人ゲオルグが言った言葉だといわれていますが、生き方においてとても力強さを感じるかと思います。

『たとえ明日、地球が滅亡しようとも、今日私はリンゴの木を植える』

ものごとはすべて考え方しだいなのですね。

たとえ話をします。

広大な大宇宙の両極には「シカナイ星」と、反対側に「モアール星」があります。

シカナイ星の住民は、貴重な水を飲むときも「モウ、コンナシカナイ」……と、残り少なくなった水を嘆いています。

モアール星の住民は、「マダ、コンナニモアール！」……と、いつも喜びが絶えません。

たとえば七〇歳を過ぎて、「平均寿命まであと一〇年くらいしかないか」……と思うか、「まだ一〇年もあるからいろんなことができるぞ！　いやいや、一二〇歳まで頑張るぞ！」……と思うかどうかは、各人それぞれの自由意志に任されています。

けれども圧倒的に「モアール星」の考え方が幸せな人生、そして成功の人生を送れると思うのです。

☆自分は何のために生まれてきたの？

今まで生きてきた人生の中で、「私はいったい何のために生まれてきたんだろう？」と一度も思わなかった人はいないのではないでしょうか。

しかし深く思っても、なかなか答えを見いだすことができないと思います。

なかには「生まれてきてしまったんだからしょうがない、だから生きるだけ……」という人もいますが、それではあまりにも悲しすぎます。

私は幼少時、原因不明の病気で何度も心臓が止まって死んでいます。

目に見えない世界を何度も往復していますので、少なくとも世の中は、『目に見えない世界と目に見える世界』の両極で出来ている……と確信していました。

つまり目に見えない世界とは、「臨死体験」や「幽体離脱」と呼ばれるものですね。

たとえば、心臓は止まり脳波が動いてないにもかかわらず、医者や両親がしゃべっている内容を覚えていたからです。

天国のような百花繚乱《ひゃっかりょうらん》の花が咲き乱れる丘に、いくつもの妖精が飛び交っている美しい風景も見ました。何とも言えない美しいメロディも流れていて、『元の世界に戻りたくない』と感じているのも不思議です。

ですから、世間で言われるように死が忌み嫌うものでもなく、少なくとも人より身近に感じていると思いますが、でもやはり現実的に生きている以上、いざ自分が死ぬとなったら怖いです。

こういった矛盾が生と死の狭間にある「三途の川」と呼ばれているのかもしれません。

さて、目に見えない世界ばかりに価値観を置いている人は、一般に『変な人』といわれます。反対に、目に見える現実社会ばかりに価値観を置いている人は、なぜか寂しい人生だったり、不幸になったりしてしまう人が多いのです。

つまり、両極への〝偏り〟が、苦しみや不幸な現象を招いているように感じるのです。

すべては『陰と陽のバランス』によって成り立っているのですね。

じつは私は、〝自分〟という一個の生命体は、『目に見えない世界』の期待を一身に背負って『目に見える世界』にオギャーと生まれてきていると思えるのです。

「生まれたらこれをやり遂げるぞ！」とか、「このことに気づいてさらなる魂の進化を遂げるぞ！」……とか。

誰もが〝目的と使命〟を必ず携えて生まれてきていると思えるのです。

これは、誰一人の例外もないと私は確信しています。

生物学者の言うには、自分が肉体を持ってこの世に生まれてくる確率は、〝四億分の一〟ということです。

これは〝一個の精子と一個の卵子の一回の受精〟の確率に基づいた数字です。

受精できない回数まで入れたら、それこそ数千兆分の一以下の確率になるでしょう。

このように、奇跡ともいえるほどの確率で自分が選ばれたのに、「しょうがないから生きる」では、あの世に還《かえ》ってから生まれてくることができなかった兄弟姉妹に会ったとき、どうお詫びするのでしょう。

誰もが〝目的と使命〟を達成するために、あの世ではたくさんの検討と準備がされているように思います。

だとすれば、そのなかで一番大きな課題が『両親選び』に違いありません。

自分が生まれてから育つ環境、そして乗り船でもある肉体細胞が重要視されているからであり、波動的には姓名にそれが表われています。

「姓名は生命に通ず」の捉え方があり、どこの家に生まれ（苗字）、どういった名前を付けられるかも計画されているとか。

しかも、出会う人たちのほとんどが準備・計画されているとしか思えないのです。

このことを〝縁生《えんしょう》〟と呼びます。人生におけるすべての出会いは、自分の計画した〝目的と使命〟を果たすためなのですね。

では肝心の、自分の〝目的と使命〟の具体的内容ですが、いくら深く瞑想してもその答えは出てこないかと思います。

なぜなら、答えを知ってから努力するのでは生まれてくる意味がないからです。

ただし、ヒントだけは与えられています。

それは両親や兄弟、友人、出会った方々をよくよく観察すれば、大体のことはわかります。

『類友《るいとも》の法則』ですね。

あと、自分の人生で体験した出来事を、一つひとつ思い出す作業をするならいっそう明確になります。

その作業のことを仏教では、『内観』といいます。

☆「好き」なことだから成功するとは限らない

「好きこそものの上手なれ」ということわざがありますが、まさにこれはそのとおりで、好きなことであれば何時間続けていても飽きることはありません。

好きなことは自分の生まれてきた〝目的と使命〟に通じる部分もあるでしょう。

実際に、自分の好きなことや、時間を忘れるほど没頭した事柄の延長上に、自分の生まれてきた〝目的と使命〟が隠されている場合が多いのです。

しかし、好きだから〝成功者〟になれるかといえば、現実は厳しいようです。

「僕はサッカーが好きでたまらなくて、何時間練習しても疲れなかった」……けれどもプロで稼げるのはほんの一握りです。

「中学生の頃から文章を書くのが大好きだ」……けれども作家になれるのもほんの一部です。

しかし、サッカー好きの少年は、チームワークの大切さを知って、大企業の組織で成功するかもしれませんし、自分で会社を立ち上げて社員を大切にし、成功するかもしれません。文章が好きな少年は、敏腕新聞記者となったり、通販のコピーライターで頭角を現わしたりするかもしれません。

一つの例として私の体験をお話ししましょう。

私は三〇代の頃、自分の生まれてきた〝目的と使命〟を探るために、一週間山にこもって過去を振り返る〝内観〟を行ないました。そのときに、過去の人生において『食事を忘れるほど何かに夢中になったこと』を思い出す作業を行ないました。

すると真っ先に出てきたものは、「漫画を読みあさったこと」くらい。

小学生の頃、漫画好きな叔父が買ってきた『週刊少年マガジン』や『週刊少年サンデー』、『週刊少年キング』、『冒険王』……、叔母からは『少女フレンド』や『マーガレット』、『りぼん』など、どれも夢中で読んでいました。漢字は小学校でというより漫画でほとんど覚えたくらいです。

特に石ノ森章太郎作の漫画『猿飛エッちゃん』（昭和四〇年代）が大好きで、一作ごとにノートに写経ならぬ〝写漫〟したくらいです。

当時、母親がそのノートを褒めてくれたのを今でも覚えています。

学校にそのノートを持って行ったら大人気になり、取り上げた先生も苦笑しながら感心していました。

中学になると、同級生からラブレターの代筆を頼まれたことがあり、報酬はアンパン一個。

高校生になると私にも好きな人ができて、その彼女とは数百通にのぼる文通を続けました。彼女に自分の頭の悪さを見抜かれまいと、毎日必死で辞書とにらめっこして書きました。しかも同じ時期、高校で〝ある問題〟を起こして反省文を書かされ、それが教師たちの感動を誘い、教育委員会や他の学校にまで回覧されたことも。

そのときに担任教師から、「本井、お前の文章は下手糞だが才能がある。これを読め！」と手渡されたのが、初めて読んだ小説、新田次郎著の『孤高の人』でした。

その小説の主人公は「加藤文太郎」といい、単独で山の頂上を目指す登山家でした。

彼の人生における〝目的と使命〟は、登山を通して人生の目標を達成するまでの、ひたむきな生き様の大切さを教えることにあったように思います。

この小説の感想文を担任に渡したら、涙を流すくらいに喜んで、ちょうど担任のご長男が生まれた時期と重なったせいか、なんと、ご自分の息子の名前を「文太郎」と名付けたのにはびっくりしました。

冗談だと思いますが、私の反省文がきっかけだったとか。

三〇年後、その文太郎君からある招待状をもらいました。

なんと彼は、プロで売れっ子のシャンソン歌手になっていたのです。

このように、私は漫画家にはならなかったものの、いろんな人に影響を与え、今では企画や映像の脚本、能力開発、通販コピー、ブログなどに、知らずしらずに昔からの〝好きなこと〟が活かされていたのです。

このように、自らの〝目的と使命〟に気づかせるために、周りの環境も出会う人も、すべて準備・計画されていたとしか思えません。

ただ、どれほど好きなことでも、人から認められ需要がなければ、単なる趣味であり特技にしかなりません。

事業は〝需要と供給のバランス〟であり、需要が高ければ価値が上がり、実益をもたらします。調和を保とうとする『自然界の均衡作用』が働くからです。

好きなことであるのはもちろん、プラスアルファとして、過去に『他の人から褒められたこと』が仕事での重要なヒントになると思うのです。

☆運命を変えた子猫

私はよく講演で「知らないことは罪」という話をします。

その言葉を私に教えてくれたのは、昔出会った一匹の子猫でした。

今は在宅勤務が多くなったこともあって空前の猫ブームなんだそうで、テレビでも癒しの対象として取り上げられることが多くなりました。

けれども私は、生まれたばかりの子猫を見るたびに、胸の奥が締め付けられるような痛みが走ります。

私が放射線研究室に勤めていた二〇代の頃、ある出来事が起こりました。

小さな命との出会い……それが、その後の自分の運命を大きく変えることになりました。

当時二六歳だった私は、前職の会社が倒産したばかりでプータローでした。

一二月のある日、本屋さんで立ち読みしていたら、一冊の週刊誌の見出しが目に飛び込んできました。

『人類を救う！　日本に核シェルターは必要か？』という記事を目にして、「核戦争に備えて？　そんな馬鹿な……」と思いつつもなぜか気になり、アパートに帰ってからその会社に電話をしてみました。

当時その会社は、国鉄（現ＪＲ）のトンネル工事の設計でトップシェアの会社で、核シェルターに関しては、会社組織の中でも防災部という小さな放射能研究室で扱っていました。

この会社が放射能研究室を新設したのは、社長がピサの斜塔の修復工事に出向いた際、フィレンツェの上空の機内で天から啓示が降りたのがきっかけだそうで、求人募集の時期ではないにもかかわらず（一二月二五日）、とんとん拍子で社長との面談が叶い、その場で即採用。好待遇なうえに快適なアパートまで用意してくれました。

その理由は、後で聞いた話によると、社長お抱えの霊能者が「今度のクリスマスに面接に来る男は日本を放射能から」などと事前に予言していたからとか。

しかし、弱小な防災部のメンバーは、個性的な社長の息子と設計士の二人だけで、社内では鼻つまみの部署だということはすぐにわかりました。

その部署で私は営業社員として、放射能についての基本的な知識を徹底的に頭に叩き込まれました。

米国は人口の二〇〇パーセントを収容できる核避難施設を持ち、ロシアは三〇〇パーセントだということ、日本は唯一の核被爆国なのに世界の放射能安全基準とはまったく異なるということ、被爆しても生き残る人と苦しんで死ぬ人の違いは普段の食べ物（塩・味噌・玄米＝ミネラル）にあったということなど。

ちょうど世間的にシェルターブームでもあり、マスコミからも興味の対象となって数多く取材されました。

けれどもこの会社での仕事は、忙しいだけなら堪えられますが、じつは精神的にとても辛かったのです。

現場やマスコミからは「本当に核戦争など起こるんですか？」と嘲笑され、社内の他の部署からは「会社全体のイメージが悪くなる！」と仲間はずれにされたり、いじめを受けたりして無視され続けました。

しかも、たった三人しかいない防災部なのに、入ったばかりの私に二人は辛く当たるようになりました。

「どうせお前もマスコミに踊らされて冷やかしで入社したんだろ?」、「誰が日本を放射能から救うだって?」、「社長命令でなければお前なんかいらない!」、「お前は他社のスパイなんじゃないのか?」……。

人類を救う会社のはずなのに、こんなギスギスした雰囲気の中で、私はいつも完全孤立状態でした。

さて、入社してちょうど一年経った一二月の雨の降る晩、私は休日なので自分の部屋でくつろいでいました。

すると外は雨なのに、さっきからずっと猫の鳴き声がしています。

鳴き声からするとどうも子猫のようです。猫好きの私は、傘をさして鳴き声を頼りに夜道を探しに出かけました。

すると路地の水たまりの中に、まだ目も開いていない子猫が、鳴きながらびしょ濡れになってもがいています。

子猫は灰色がかった白い毛並みで痩せこけ、寒さでぶるぶる震えていました。

近くに親猫は見当たりません。

『このままにしていたらいずれ死んでしまう』、そう思った私は子猫を抱きかかえ、自分の部屋に連れて帰りました。

部屋に戻るとすぐに子猫の身体を拭き、ぶるぶる震えていたので私の体温で温めてあげました。安心したのかその晩は、腕の中ですやすや眠ってくれました。

そして翌朝、子猫の鳴き声で目が覚めました。

私は早速、牛乳と食パンを買ってきて食べさせようとしましたが、まったく口にしません。生まれたばかりなので、母親のおっぱいを欲しがっているようです。

出勤の時間になり、私はいったん会社に行き、すぐに営業に出るふりをしてアパートに戻りました。

その後ペットショップに行き、店の人に何をあげたらいいかを尋ねました。

すると、「お客さん、生後間もない子猫には一日五回くらい哺乳瓶でミルクを与えないと、すぐに死んじゃいますよ」と言われました。

まさか勤め先に猫を連れて行くわけにはいかない、周りに相談できる友人もいない。

「こうなったらできるだけ頻繁にアパートに帰るしかない！」と覚悟を決めました。

帰るたびにすぐミルクを作り、子猫を抱きながら飲ませました。

子猫も私を信頼しているらしく、勢いよくごくごく飲んでいます。

私は拾った子猫に「チョコ」と名付けました。

二日後は運良く休日だったので、思い切り世話してあげることができました。

その日はチョコと一日中じゃれ合って遊んでいました。

遊び疲れると、寝転んだ私のお腹の上に乗ってスヤスヤと寝息を立てて寝ます。

それは私にとって言葉にできないくらい最高の癒しでした。

今までのストレスも吹っ飛ぶほどです。

こうしてチョコと過ごし、四日目に入りました。

私が帰ると、チョコは目の見えない身体で、匂いを探りながらヨタヨタと必死にそばに寄って来ようとします。

寝るときも、私の匂いのするシャツに包まれないと寝ないようになりました。

上司の目を盗みながらアパートに数回戻るのは大変でしたが、とても心が安らぐひとときで、いつも急ぎ足でアパートに帰ったものです。

部屋に戻るたび、いつもは暗かった部屋が、とても明るく感じられました。

そのときの私にとって、この子猫と触れ合うことが唯一の「希《まれ》なる望み」……つまり希望でした。

☆無知は罪、無口はもっと罪

五日目の夜、なぜかチョコはミルクを飲む量が少なくなりました。

お腹もパンパンに膨れている。

チョコは、盛んに私の周りをチョロチョロ動き、そしてニャンニャン鳴いてばかり。

『昼間、ミルクをあげすぎたせいかな?』……とさほど気にせず、その晩はそのまま寝ました。

チョコは私の枕元で、いつものようにシャツにくるまってスヤスヤ寝息を立てています。

そして翌朝、目が覚めた私は枕元に寝ているチョコをそっと見ました。

いつもならチョコの鳴き声に起こされるのですが、今朝はぐっすり眠っています。

『かわいいなぁ』

そう思いながら、うつぶせのまま枕越しでしばらく眺めていました。

そして起こさないようにそっと立ち上がり、いつものようにお湯を沸かしミルクを作ってあげました。

普段ならその気配に気づいて、ニャーニャー鳴きながら私の足にまとわりつくのですが、今朝は静かに眠ったままです。

『まさか……』

そう思った私は、ひざまずいてチョコの身体を軽く突っついてみました。

その瞬間、すべての時間が止まりました。

チョコはそのままの状態でコロンと横になり、固く冷たくなっていました。

「おぉぉぉぉぉ……」

チョコを両手に包み、声にならない声が出て、涙が次から次へと溢れてきます。

「なぜだ、なぜだ、なぜだ?」

呪文のように何度もつぶやきながら呻いている自分がいました。

入社以来、内外共にいじめや嫌がらせの集中攻撃を受け精神的に参っていた私を、この一匹の小さな命が救ってくれました。

まるで張り詰めていた糸がプツンと切れ、空中をさまよっている風船のような心境でした。たかが猫だと言われそうですが、心の拠り所を失った私は、その日、会社を休みました。

その後、ペットショップに電話して、何が起きたのか話しました。

すると、「えっ、ウンチを出してあげなかったのですか？」と言われました。

生まれたばかりの動物は、お母さんが子どもの肛門を舐《な》めることで便を促すのだそうです。

親がいない子猫の場合は、飼い主が温かく濡らした脱脂綿で肛門を刺激するとか……。そんなことすら知らないで、私は一匹の子猫を殺してしまいました。

貴重な小さな命を、私の無知が原因で……。

『猫の命一つ救えないで、何が日本を放射能から守るだ！　俺はなんて大馬鹿者なんだ！』

自分をいくら責めても亡くなった命はもう帰ってきません。

自分に対するどうしようもない憤りが押し寄せ、いつのまにか放射能研究室に辞表を書いていました。

今まで私は、数千人の医療関係者を前に、『知らないことは罪』という話をしています。なぜなら知らないことが原因で、病気や不安、恐怖や絶望などの不幸や苦しみが訪れるからです。

しかし、現状をしっかりと認識し、原因と対処法を知ってしまえば、それらの不幸や苦しみのほとんどは消え去ってしまいます。

そして私は、『知らないことは罪ですが、伝えないことはもっと罪に当たるんですよ』という話もします。

知らないこと、つまり無知ですね。伝えないこと、つまり無口ですね。

『無知《むち》は罪、無口《むくち》はもっと罪』になります。

その理由は、もし私がミルクを買いに行った際に、ペットショップの店員さんが、私に子猫の肛門を刺激する大切さを教えてくれていたら、こんな悲劇は起きませんでした。もしくは、もっと私がしつこく店員さんに子猫を育てるための注意事項を聞いていたら……。

お互いのちょっとした無口と無責任が一つの命を奪ったのです。

今の時代のようにインターネットが普及していない時代です。

そして、この世の法律では、知らないで罪を犯してしまった人は情状酌量されます。また、不動産などの契約上の事実不告知は罪を問われることもありますが、ほとんどのケースでは大切なことを伝えなくても罰せられません。

私がペットショップの店員さんに「なぜ教えなかったんだ！」と訴えることができないのと同じです。

伝えないことでその責任を問われることはまずありませんが、反対に伝えることでその人の苦しみや命を救えることもたくさんあるように思えるのです。

ご自身で「これは大切な情報だ、より多くの方に伝えなきゃ！」と思える内容であれば、どんどん人に伝えるべきです。

私は現在は、「ミネラルの大切さをより多くの人に伝えることで日本を救いたい」、そう願って行動しています。

ちなみにミネラルと放射能は、とても深い因果関係にあったことを後で知ることになります（参照『日本は農薬・放射能汚染で自滅する!?』コスモ21）。

人生に無駄は一つもありません。

Part Ⅵ

仕事が思いどおりうまくいくコツ

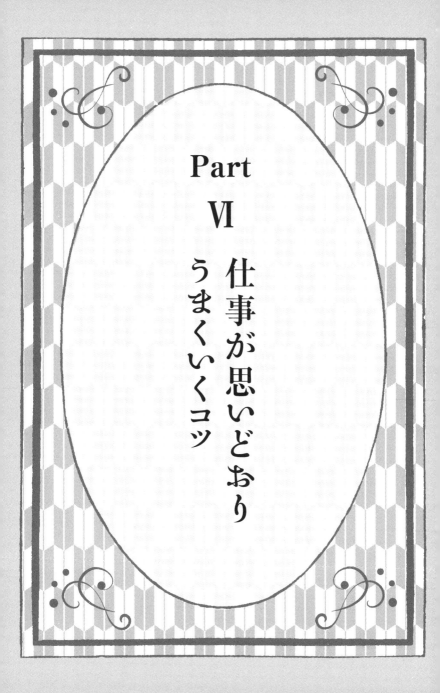

☆モノが売れる秘訣

私はこれまで、多くの会社の社長さんと接してきました。

そんなとき、よく聞かれることがあります。

「本井さん、なんでこんなに素晴らしい商品が売れないんだろう？」

じつは、「なんで売れないんだろう？」と考え続けても、絶対に良い答えが出ない法則があるのです。

世の中でモノを売らないで成り立つ商売はありません。

そのモノが目に見えるモノであったとしても、目に見えないモノであったとしても。

特に情報やサービスなどは目で見ることも触ることもできません。

では、どんなモノでも『売れる』秘訣は？

買う側の消費者が、「自分にとって必要だ」、「価値がある」と思わないかぎり、どんなモノも売れません。

どんなに開発費をかけ、どんなに努力し頑張っても、売れないモノは売れません。

一般に、売る側は企業や会社です。

しかし買う側（消費者）は、地球上に数え切れないほどたくさん存在します。

『なんで売れないんだろう？』と売る側の都合や立場で考え続けても、机上の理論ばかりで、画期的なアイディアや売る方法はほとんど出てきません。

ところが、『なんで買ってくれないのだろう？』と買う側の立場で考え続けると、買う対象者は百人百様ですから、それこそ無尽蔵に答えが湧き出してきます。

一見同じような意味に捉えがちですが、これは脳の構造にしても結果にしても行動にしても、一八〇度異なってくるのです。

事実、脳のサーモグラフィで計ると、『なんで売れないんだろう？』よりも、『なんで買ってくれないのだろう？』と考えるほうが、脳全体が飛躍的に活性化することがわかっています。

つまり〝売る〟ことを目的にした考えは、『自分さえ良ければ……』に通じるので自己都合です。でも、人間の脳は自己都合だけでは活性化しないようにできています。ですから、その望みを叶えることができません。

反対に『買っていただく』ことを目的にすると、自分以外の他の人たちの気持ちになって考えることができるので、消費者から受け入れられる……つまり法則的にも商品がヒットし、結果的に商品は売れ出していくのです。

主体が自分から他人に移るので、実際に人に聞いたり、市場調査をしたりと行動することもはじまります。

さて、ここから私が体験した例になりますが、これまで述べたことは求人広告でも基本は同じです。

仕事に応募する方は、以前はそのわずかなバイト代の中から求人募集誌を買い、自分の写真を有料で撮り（これが高い！）、切手を貼って履歴書を郵送し、面接時には交通費も自腹が当たり前でした。

私が学生だった頃には、「応募に落ちたらもったいないなぁ、せめて写真を貼った履歴書だけでも戻してくれたら、またその写真を剥がして使えるのになぁ……」と思っていました。そこで私は、その気持ちをそのまま表現した短い文章を、当社のアルバイト募集の公告の最後に追加しました。

『履歴書は切手と共に返送し、面接の際は往復交通費を支給』

一番安い「突き出し広告」で文字数が限られたので、付け加えたのはたったこれだけです。

反響の一番乗りで電話がかかってきた人は、なんとＪＲのキオスクの雑誌配達員。翌日の早朝から電話が殺到し、わずか一週間で一四〇〇人以上の応募が！

そのなかから五〇〇人に絞り、六～八人単位で面接を行ないました。

その反響に驚いた求人雑誌の方から聞いた話ですと、なんと同じ号に掲載されていたディズニーランドの二ページフルカラー広告を遥かに抜いた反響数だったそうです。

結局採用したのは約二〇〇名のアルバイトで、急遽新たな事業を立ち上げ、大きな戦力となってくれました。

とても面白かったのは、不採用通知を送付した方から、「こんなに人を大事にする会社は見たことないです、どんな雑用でもしますから私を使ってください！」と懇願されたことです。

それも一人ではなく一〇人ほども。

お陰で優秀な人材ばかりのバイト部隊が出来、社業も順調に発展していきました。

※現在では多くの会社がこの方式を採用するようになったようです。

☆人の作った土俵で戦うな

私はビジネスにおける市場性というものに対して、一つの考え方を持っています。

それは、市場（マーケット）と相撲の「土俵」は同じではない、という考え方です。

国技である相撲のルールでは、お相撲さんが一度土俵に上がったら、そこには引き分けはありません。

戦いを挑む相手の土俵に上がったら、そこには「勝つ」か「負ける」かしかないからです。

ビジネスの世界でも、よく「勝ち組」「負け組」という表現を使います。

それは、ビジネスを相撲の土俵でイメージしている方が多いからです。

「勝つか負けるか」、この言葉を使うほとんどの方が、ビジネスで成功したか失敗したか、つまり儲けたか損したかを価値観の中心に据えています。

特に初めてビジネスを行なう人は、「これから市場に新規参入するぞ！」という強い気負いを持ちます。人の作った土俵（マーケットや価値観）に上がり、『戦おう（勝とう、儲けよう）』という強い意識を持つのです。

すると簡単に潰されます。

大関に十両が戦いを挑んでも、勝負は目に見えているからです。ですから私は、『必ず勝てる！』という戦略やオリジナリティがないかぎり、人の土俵には上がりません。

もっとわかりやすく実例を挙げて説明しましょう。

楽天市場やアマゾンといった巨大マーケットがネット上にあるのはみなさんご存じですね。そこで有料で出店し、人参ジュースを販売するとします。

他店は三五〇ミリリットル入りの瓶を平均五〇〇円で販売しています。

当店はもうちょっと安い四五〇円で販売しようと試みます。

一時はそこそこ売れますが、すぐに三八〇円で販売する店が登場し、とうとうまったく売れなくなって撤退せざるを得なくなります。

当店は三八〇円で販売すると、赤字で店舗代も払えなくなるからです。

つまり、値段だけの価値観でマーケット（土俵）に参加しても、もしそれ以下の値段で売る企業が現われたら、その時点でおしまいなのです。

これで「ビジネスは値段で戦ってはならない」ということが理解できるかと思います。

では値段以外に何を訴求するか……ですが、商品そのものの価値を市場に訴えるしかありません。

人が作った土俵ではなく、自分独自の土俵です。

そもそも人参ジュースを買い求める客層とは、当然ながら健康志向の高い方、野菜不足を感じている方、栄養素（βカロチンやミネラル）を重視している方かと思います。

そこで、無農薬はもちろんのこと、ミネラルなどの栄養素もどこの人参より高い数値のものが完成したとします。商品価値として圧倒的な差別化を図り、他店では真似できないオリジナル農法で参入します。

単なる人参ジュースではない、付加価値の付いた人参ジュースで、それを一本六八〇円で販売します。

価格は市場から見たら高いかもしれませんが、その希少性から人参ジュースファン層の数パーセントの需要は必ずあります。

よって採算は取りやすく、成功する可能性がかなり高くなります。

☆戦わずに勝つ方法

当社の例でいえば、以前の楽天市場ではほとんどの店が価格に重点を置いていましたので、決して他店と同じ土俵（価値観）に上がることはしませんでした。同じ楽天市場内でも当社オリジナルの土俵（商品価値）を作り、そこで勝負をかけました。

じつは当社はこの方法で、数々の商品の市場第一位を獲得したのです（米屋じゃないのに米の販売量第一位、水産業じゃないのにカニの販売量第一位など）。

自らの価値観やオリジナリティで築いた土俵は、人の作った（用意した）土俵に上がるよりも有利です。

自分の作った土俵ならば、どこに凹凸があるか、または滑りやすいかもわかるからです。地の利があるのですね。

また、人が作った土俵に上がれば勝つか負けるかの二択しかありませんが、自分の築いた土俵に他者が上がってきたなら、勝ち負け以外に選択肢が広がり、それを行使する権利を暗黙のうちに有します。

つまり、勝つか負けるか以外に、相手と『戦わない』、『手を組む』といった選択肢を選ぶこともできるのです。

たとえば、「本屋さんに音を並べよう」と、以前当社が企画したカセットブックがあります。

これが大ブームとなり、全国各地の出版社からの問い合わせが殺到しました。

書籍のほとんどはおよそ二〇〇ページ前後あり、それを読破するには四時間くらいかかります。

ちょうどその頃はバブル期でしたので、企業戦士たちは氾濫ぎみの情報に乗り遅れまいと、朝の通勤途中の満員電車内や深夜の帰宅後に眠い目をこすりながら本を読んでいたのです。

今ならばスマートフォンで情報が得られますが、当時は携帯電話すらなかった時代。多くのジャンルの情報を得るには読書しかありませんでした。

そこで、当社は著者による出版記念講演会を開催し、著者が一番伝えたい重要なエキスを一時間で講演したものを本屋さんに並べたところ、飛ぶように売れました。

それがちょうどＳＯＮＹのウォークマンがブームのときと重なって、それまでの朗読中心のカセットと異なり、「通勤時間で一冊読破！」……で大ブームになったのです。

カセットブックを出版することは、出版社にとっても、書籍と違い在庫を抱える必要がない、書籍の販売実数に比例するので売上げが読みやすい、無くなればすぐに生産できる、少量でも原価は一律、粗利が高いと、いいことずくめでした。

その後当社が作った土俵に、出版社だけではなく、教材会社、通販会社、セミナー会社、情報産業などの各企業が上がりはじめました。

当社はそれらの企業と争うことはせず、反対にノウハウを惜しみなく公表しました。**すると、ライバルである多くの出版社がお抱えの有名講師を紹介してくれたり、カセットブックの特集記事を組んでくれたりと、当社に協力しはじめたのです。**

相手と『戦わない』、『手を組む』ことで大きなブームが起き、当社も大きく伸びたのです。

これが「戦わずに勝つ方法」です。

☆「先義後利」の法則

誰でも簡単にできる人脈の広げ方をお教えしましょう。

売ろうとする商品が、いくら良い商品でも、伝える相手がいなければどうしようもありません。家族やごく親しい人に伝えるのは簡単ですから、「まずは練習代わりに」と断ってから伝えます。そしてある程度の練習が終わったら、まったく初めて会う人に声をかけてみましょう。

でも、いきなり他人に話しかけたら、あなたは〝不審者〟もしくは〝変質者〟になりかねませんから、そこには違和感のない『きっかけ』が必要になります。

たとえばあなたは昨日、誰に会いましたか？　それを思い出してみます。

家族、職場の同僚、近所の人などが挙がりそうですが、本当にそれだけですか？

こんな話があります。どれも実際にあった話です。

『いつもマンションを掃除しているおばさんに、声をかけてみたんです。彼女とは、朝偶然に会ったときだけ挨拶する程度の関係でした。マスクをしていたので「風邪でもひいたのですか？」と聞いてみました。そしたら花粉症だとか。そこで「ちょっと待ってて、いいのがあるから」と言って、自分で扱っているミネラルを試飲してもらって最後に資料を手渡したんです。そうしたら翌朝、「私も続けて飲んでみたい……」と。生まれて初めて物が売れたんです！　信じられません』

『いつも行く喫茶店の会計時に「これ、興味があったら読んどいて。けっこうためになること書いてあるよ」と資料を渡したのです。三日後にまた行ったら、「本当にためになりました。他にもあるんですか？」と聞かれて、ドクターが書いた書籍を貸す約束をしました。そうしたら、「母にこれを飲ませたいので、今度持ってきてもらうことできますか？」と。けっこう簡単に売れてしまうものですね』

『セミナーで聞いたように、勇気を出してコンビニのレジ係のお姉さんに「ありがとう、○○さん！」とネームプレートを見て声をかけてみました。最初相手はびっくりした顔で。その後は、まんざらでもなさそうにニコッとしてくれて。それからは行く度に「おはよう」とか「いい天気だね」程度の一声。相手が暇なときは何かしらの会話をするようになりました。最近はテレビや映画の話をするようになっています』

『私は独身で過疎地で農業を行なっていますが、周りはほとんど年寄りばかり。でも、縁を作るためにはおじいちゃん、おばあちゃんでも声をかけたほうが良いと思って、思い切って「ご苦労様です」、「精が出ますね」程度の声をかけていたんです。そしたらある日、「家でお茶でも飲まんかね」と誘われて、話がお孫さん（女性）の話題になって、今度引き合わせてくれることになりました。お見合いってほど格式ばったものではないのですが、縁は自分で作るものだということが実感できました』

……いかがですか？　最後の二つは直接ビジネスに結びつく話ではありませんが、いろんなところに縁を作る「きっかけ」があることは理解できたでしょう。

「物を売る」という魂胆が見えると、相手は「断る」ことしか頭に浮かびません。

商品の話はあくまでも「何かのついで」くらいで良いのです。

そして商品を勧めるときは「さりげなく」、「相手が喜ぶこと」を前提にお話しすることが重要です。たとえば健康に関連する商品であれば、「健康と幸福をお分けする」気持ちが大切で、そこには「相手に良くなってほしい」という思いだけです。

それを「義」といいます。「利」の前にまず大義があれば後で勝手に付いてきます。

これを「先義後利の法則」といいます。

☆未来の自分を売って一億円

私が四〇歳の頃、ある健康機器ブームが巻き起こり、当社でも取り扱うかどうかの検討に入りました。

けれども健康機器ブームはすでに下火となりつつあり、ディスカウントも起きていました。そこでメーカーの社長と交渉に入りました。

私が「四〇パーセントで卸してくれませんか？」と切り出すと、先方は、「そんな無茶な！　いくら値引きが始まっているからとはいえ、六〇パーセントがギリギリです！」とまったく話に乗ってくれません。

そこで、「二千台ならいかがですか？」と打って出ます。

すると相手は眉をピクッと動かし、「二……二千台？」と聞き直しました。

その段階で私は「勝った！」と思いました。

すかさず私は相手に「ただし条件があります。当社は必ず一年間で二千台を売ってみせます。それまでは申し訳ないのですが、分割で四〇パーセントで買わせてください。もし一年間で二千台を欠けるようなことがあったら、その差額の二〇パーセントを一年後にお支払いします」と提案しました。

二千台の二〇パーセントは総額で約一億円になりました。

じっと私の顔を見ていた社長は急に笑い出し、「こんな面白い人に会ったのは初めてだ。わかりました。あなたの未来を買いましょう」と言ってくれました。

こちらが買う側なのに、相手が私を買うと言うのです。もちろんその後にちゃんと契約書を交わし、一億円は、達成できなかった場合の違約金という形にしました。

そして八か月後には二千台を達成してしまい、約束の一年後には倍以上の四千六百台を販売しました。

「運命の女神には前髪しかない。なぜなら、過ぎ去ってからでは後ろ髪がないのでつかめないからだ」というイタリアのことわざがありますが本当でしょうか？

チャンスが到来したら果敢に挑め、という意味なのでしょうが、情報過多の現代の場合は違います。

今まで三五年間事業を行なって思うことは、ほとんどの失敗は「うまい話」を運命の女神と思い、前髪をつかんでしまったことに原因がありました。

それよりも、むしろ通り過ぎてから「あれは本当のチャンスだった」と気づき、巻き返しを図ろうと必死に努力する過程の中で運命の女神が微笑み、成功するパターンのほうがはるかに多いのです。

私は逆に、《運命の女神というものは、前髪はなく後ろ髪だけがある》ような気がしてなりません。

「向こうからやってくるのは、運命の女神かそれとも貧乏神か……」などをとっさに判断することは大変難しいことです。ならば、過ぎ去ってから女神の後を追って後ろ髪をつかめばいいだけです。

前から来たときに判断することが難しくても、過ぎ去ってから初めて冷静になって、運命の女神か貧乏神かは容易に判断できる場合が多いからです。

つまり今回の成功は、ブームが去りつつあったからこそメーカーの社長も乗ってくれたのだと思います。

タイミングは早ければ有利というわけではありません。

タイミングが早すぎてババを引くことだってあるからです。

☆主婦の冷蔵庫理論

先に「☆人の作った土俵で戦うな」というお話をしました。

それは、他人が作った土俵は何かと不利なのに対し、自分の作った土俵ならすべてが有利に働くからです。

「自分の作った土俵」とは、言い方を変えたら自分独自の価値観と言っても良いし、オリジナリティ、独自の市場性、他の商品との圧倒的な差別化……と言っても良いでしょう。

自分の作った土俵があれば、「今、○○が人気だから、それに似たものを開発しよう」とか、「二匹目のドジョウ狙いで当社も便乗しよう」とか、「安く大量に仕入れて値引きして販売しよう」といった安易な発想はなくなります。

自らの土俵で考えた商品の中から爆発的なヒット、他者の追随を許さない圧倒的な商品、またはブームに左右されない安定的な売上げを示す商品が生まれるのです。

しかし、いきなりそういった商品を生み出す、または出会うことは、とても稀で難しいことです。

最初はやはり、一般的な『ジャンル』の中から頭角を現わし、それを元に自分の土俵作りをすることになります。

この『ジャンル』とは職種や取り扱い商品を指します。

たとえば、ラーメン屋さんとか映像制作会社とか農業とか……そうした大きな括りの中で商品を決めて取り組み、そこでひとまず採算を取って成功させることです。

その成功に向かうなかで、とても重要になるのが「主婦の冷蔵庫理論」の考え方です。

主婦は、冷蔵庫の中身の今ある材料をフルに使って、家族のためにいかに美味しい料理を作れるかを考えます。

私は「主婦業と社長業は同じ」と思っていますが、家族が喜ぶ料理を作ることと、お客様が買ってくれる顧客満足度の高い商品（＝売れ筋商品）を作ることとは、同じ脳細胞の領域で考えることなのです。

ヒット商品のほとんどは、女性から支持されたなかから生まれます。

デパートを見ても、スーパーを見ても銀座を歩いても、八割は女性相手のマーケット。ですから、商品のアイディアに困ったときは女性に聞いてみるのが一番です。

「主婦の冷蔵庫理論」とは簡単に言えば、カツどんを新メニューとして売り出したくても、冷蔵庫の中に卵とタマネギしかなかった場合、とりあえずカツどんは諦めて日本一の「卵どんぶり」を調理し、世に出していく方法です。

豚肉がないからといって借金してまでカツどんを新メニューに加えるのではなく、現在すでにある材料を元にして吟味し、工夫したほうがヒット商品の生まれる確率が高いのです。

「卵どんぶり」が出来たら、次はその商品価値を最大限まで高め、販売する戦略を立てます。

たとえば「卵かけご飯より美味しい卵どんぶり！」、「魚沼産コシヒカリと比内地鶏の卵使用！」などのキャッチフレーズが面白いかもしれません。

そのときには、以下の検証が大きなポイントになります。

①案内や告知をすべき状況が整っているか？（立地条件）

②ニュースリリースとしての話題性があるかどうか？（オリジナリティ）
③応援してくれるスタッフやボランティアがいるかどうか？（賛同する仲間）
④商品に魅力があるかどうか？（知人が実際に食べ美味しいとの評価）
⑤購入頻度が高いかどうか？（リピート率が高い）

日本一の「卵どんぶり屋」になったとき、不思議と冷蔵庫にはカツが入っていたりするものです。

そのときこそ、自分の作った土俵の上でカツどんで次の勝負をすればいいのです。

ちなみに私は、温かいご飯に生卵とバターとごま油と醤油を少々混ぜ合わせたものをかけて食べるのが好きです。

☆お金が集まる法則

お金を嫌いな人は世の中にいないと思います。

でもみなさんお金が好きなのに、あまり積極的にお金の話をしたがりません。

特に女性同士の場合は、お金の話をタブー視する傾向にあります。

それはなぜでしょう?

「あさましいと思われるのが嫌だ」、「守銭奴と勘違いされる」、「ガツガツしているように思われる」など、女性でも「武士は食わねど高楊枝」的な生き方をどうも尊重する向きがあるようです。

それはそれで美しく尊い考え方なのですが、あまりにそれを美化して生きていくと、どうしてもお金が巡ってこない状態になりがちです。

しかも、本当はお金が好きなのに、そのお金のことを詳しく知りません。

大好きなのに知らない……。

そこでもし好きなのがお金ではなく、異性ならどうでしょう？

一〇代、二〇代の頃を思い出してみてください。

初恋で好きになった人の顔や服装、住所や電話番号、誕生日や好みのもの、身長やほくろの数まで、どんな小さなことでもいいから知りたくてたまらないし、一瞬で覚えることができたと思います。

そのうえ相手のことが二四時間頭から離れません。

これが『感情移入』という現象です。

じつは感情移入することでチャンスが巡り、自力による行動が伴って、引き寄せられ実現するのです。

能力開発においても記憶学習においても、感情移入は必須です。

これを密教では『一念三千』といい、本来の難解な意味とは別に簡単に解釈すれば、「一つの強い思いが三千世界へと通じ、自分の願いを叶えるためのエネルギーともなる」こと、と私は思っています。

つまりラジオのチューナーの働きですね。

ラジオの電波と人の発する気はとても良く似ています。

願いや祈りが《どこか》と周波数が合い（縁）、実現に向けて最大限に協力してくれるのです。

人は興味を持ったものにしか引き寄せられません。

興味が磁石の働きをするのです。

その証拠に、あなたの身の周りを見てください。

服にしても手帳にしてもペンにしても、すべて自分が興味を持ったものばかりのはずです。

自分にとって役に立つものも、必要で買ったものも「興味」の延長です。

同様に、お金も興味を持たなければ自分に寄って来ないのです。

「私はあなたに興味ありません！」と言っている人に、果たしてあなたはわざわざ近寄るでしょうか？

反対に、「あなたのことが好きでとても興味があります！」と言ってくれる人には近寄りたくありませんか？

お金も同じです。

お金が好きなのにお札の肖像画が誰かも知らない、自分のお財布にいくら入っているか知らない、お札の向きもバラバラで揃えていない、五百円玉のデザインが思い浮かばない……お金が好きなのに「興味」がないから粗末に扱い、お金との縁を遠ざけ不仲にしています。

矛盾ですね。

これではお金に対する気のエネルギーが定まらないので、手に入れたくても決して実現しません。

いくらキャッシュレスの時代になったからといっても、この法則は生きています。お金が欲しい人は、まずはお金に対して興味を持つこと。

恋人を見るように、お金を見ることからはじめましょう。

ウィルスが気になる方は、クロッシュなどで除菌してから見たり触ったりしてもいいでしょう。

仏陀の八正道でも、最初に「正見」、つまり正確に見ることをすすめています。お金に対して真に興味が出てくると、今いくら財布に入っているのかも把握できるようになり、自然とお札の向きなども揃えて入れるようになるでしょう。

するとますますお金の運気が高まっていくようになります。

☆相互扶助の精神こそ発展への道

私たちはみな、『過去』という歴史を土台にして現在生きています。

過去の歴史に残る改革、革命、経済システム、政治構造、文化、芸術を、それこそ多くの先駆者が登場して時代に合わせることで今の社会を作り上げました。

けれども、それらがすべて良き方向であったかといえばそうではありません。

実際に多くの支障を来たす〝ひずみ〟も現われはじめました。

特に、経済と環境、教育、政治、農業や医療を含む健康に関する事柄において、このままの調子で突き進んだら、人類は、そして地球は取り返しのつかないことになってしまう。そんな気がしてたまらないのです。

たとえば……

社会のすべての富の八〇パーセントは、富裕層の上位二〇パーセントが独占している『経済』の矛盾。

便利さを求める消費者ニーズ、及び企業の飽くなき利益追求によって、地球を無視した『環境』問題。

精神性や調和の大切さを置き去りにした物質至上主義と、他を蹴落としてまでも……の『教育』の荒廃。

一千兆円超という膨大な赤字を抱えるまで放置し、そのツケを国民や未来に引き渡すだけの『政治』のあり方。

食の安全など二の次で、農作物の見た目と生産性、効率性だけを重視し、多量の農薬と化学肥料、遺伝子組み換えを蔓延させ、農家と消費者をジワジワと苦しめる『農業』の行く末。

アンケートで「もしあなたがガンになった場合、手術、放射線治療及び抗ガン剤を投与しますか?」の質問で、現役でガン手術を行なっている八〇パーセントの外科医師が、「私なら受けない」と豪語する『医療』の矛盾……。

これらの要因はどこにあるかといえば、すべては『自分さえ良ければ……』の考えにあります。

「他人なんて、地球なんて、どうなったって構わない、自分だけ儲かれば、自分だけ助かれば、自分だけ楽になれれば、今だけ良ければそれでいいんだ」が根底に流れる歴史だったように思えるのです。

この根底を変えて、『みんなで良くなろう！　未来の子どもたちのために、生命力溢れたきれいな地球を手渡そう！』……と、相互扶助の考え方に変えないかぎり、ずっとこのまま奈落の方向に向かって行くでしょう。

現在を含め、過去の歴史はいったい誰が作ったのでしょう。

答えは、すべてその時代時代の〝大人たち〟が作りました。

子どもたちはただひたすら、その大人が作った社会やルールに従うしかありません。

そして今この言葉を読んでいるあなたは大人です。

つまり、大人である《あなた》しか、今の世の中の流れを変えることができないのです。

それによって子どもたちの未来が決まります。

Part Ⅷ

希望という名のバトンを未来に

☆病気は誰が作ったもの？

私は講演中、みなさんにこうたずねることがあります。

「病院に行くと病名が告げられますが、この病名というものはいったい誰が作ったものでしょう？」

するとほとんどの方がお医者さんや化学者と答えられます。

「では病気は誰が作ったのですか？」と聞くと、これもほとんどの方が「自分」と答えられます。

このように、〝病名を作ったのは医者で、病気を作ったのは自分である〟ことをまず自覚する必要があります。

しかも、病名が付けられている病気はじつはほんの一部です。

病名すらわからない病気のほうがはるかに多いのが現実なのです。

たとえば、アトピーで悩まれている方は多いですが、この病名の意味は、「場所が不特定」、「奇妙な」、「不思議な」、「つかみどころのない」という意味のギリシャ語「アトポス」に由来しています。

つまり、「なんだかよくわからない病気」という病名すらあるのですね。

病名が付けられている病気でも、病気自身がすべて「私は○○という病名で、その原因はここにあります」と名札と履歴書を付けているわけではありません。

原因がわかっているものはほんの一握りです。

人間の身体は精密機械でも作れないほど、要所要所でそれぞれの働きを担い、連鎖し、伝達し、密接に関わり合っています。

「これが原因である」と短絡的に決められないのが、『病気』という一つの現象なのです。

外傷や感染など外的要因や遺伝、もしくは老化によるもの以外で、『人はなぜ病気になるのか』を考えてみましょう。

一般的には、次の二つがあるといわれています。

①生活習慣による原因

②心による原因

「生活習慣による原因」としてよく挙げられるのは、過労、喫煙、常習的な飲酒、偏食と過食、不規則な生活、運動不足などです。

それらが、ガン、脳卒中、動脈硬化、糖尿、高血圧、肥満、胆石、痛風、潰瘍、歯周病、高脂血症、骨粗鬆症などの原因だといわれています。

現在の生活習慣や常習性（癖）を改めることによって改善する可能性の高い病気です。

「心による原因」は、過剰なストレスによる心因的負担、性格や気質によるものだといわれています。

つまり、ものごとの考え方を改めることによって、改善する可能性の高い病気といえます。

〝病気は気の病〟と書くように、じつは生活習慣病も「心による原因」だと私は思っています。

病気になるような生活習慣になってしまったのは、自分の性格や癖や気質に起因していると思うからです。

実際、ものごとの考え方や捉え方を変えることで病気が治る例も多いようです。

しかし、喫煙していてもガンにならない人は多いし、不規則な生活をしていても元気な人は元気です。

「病気になる人」と「病気にならない人」との〝境目〟は、いったいどこにあるのでしょうか？

ある興味深い本があります。

生命科学に詳しい東嶋和子女史の著書『死因事典』に、次のようなことが書かれていました。

「一つの病気が死につながるもっとも恐ろしいことは、人々がその病気に罹ったと気づいたときに起きる絶望の気持ちであった。というのも、彼らは直ちに完全な絶望感に打ちひしがれて、病気に対する抵抗力をまったく失ってしまったからである。特にガン、肝硬変、潰瘍性大腸炎、慢性関節リウマチなどの病気は、痛切な悲嘆や死別に見舞われたときに発病したり悪化したりすることが知られている。ところが、家族や友人などの社会的な絆がある人は、そうでない人に比べて圧倒的に死亡率が低い」

こんな話もあります。米国のカリフォルニア大学ロサンゼルス校医学部の研究では、「白血球の遺伝子研究による統計で、孤独感を持っている人は免疫力の低下によって早死にする」と発表しています。

つまり、絶望感を持つ人、社会的な絆がなく孤独感を持っている人、精神的な支えがない人は、病気になりやすいということなのかもしれません。

逆に、その反対のことをすれば病気には罹らない、または死に至るほどの大病はしないということになります。

私は、孤独と無知は同意語にも思えるのです。

「本当は周りに人がいっぱいいるのに、それに気づかず自分で心を閉ざしているだけ」

人は自分の心が孤独であるかどうか、自分で決めていると思うからです。

病気の原因を探ってみると、ものごとの考え方、感情の状態、気づくか気づかないかといった自分自身の〝心のあり方〟にすべてたどりついてしまうように思えます。

☆究極の脳活性法

人の脳は使い続けることで活性化し、納得できる答えを自ら出そうと働きます。けれども、答えを出すことを諦めたり考えたりすることを止めようとすると、いきなり脳は考える作業を停止し、脳細胞の一部は死滅へと向かいます。

無気力、無関心、無感動、ストレス、諦め、否定的（ネガティブ）思考なども、脳細胞の死滅を助長してしまうでしょう。

とはいえ、死滅したからといって二度と再生しないわけではありません。バランスの良いミネラルや食事、脳の再生医療などで脳が賦活することもわかっています。

私は三〇年ほど前に、脳活性法として「考え続けるトレーニング」を編み出しました。その名も『想起術講座』です。

「人は見たもの、読んだもの、体験したことの一切を記憶している」というドイツのシュルツ博士の大脳生理学の理論に基づいています。

試験的に、ただひたすら思い起こすという訓練を一二名の受験生に行なってもらいました。するとどうでしょう、大学入試までわずか三か月という短期間に、いきなり学習効率がぐんぐん上がり、一二名すべてが志望ランク以上の大学に合格したのです。

人は日を追うごとにものごとを忘れるという「エビングハウスの忘却曲線」の法則があります。一〇〇個覚えた英単語も、一週間も経てば誰でもほとんど忘れます。

ただしそれは、一〇〇個全部を完全に忘却したのではなく、「ど忘れ」という現象が多いということです。

これは「喉元まで出ているんだけどなあ」という類いで、ちょっとしたヒントを与えれば、誰でも三割くらいは思い出すのですね。

『想起術講座』は、学んだことを含め、過去を思い起こす訓練です。日常の、無意識にやり過ごしていることなどを中心に、自分で自分に問題を出し、時間がかかってもそれを思い出すまで考え続ける作業の訓練です。

たとえば、

・けさは何時に起きましたか?

・今日、一番最初に声をかけた人と言葉は?

・朝食は何でしたか？
・外で一番最初に会った人とその服装は？
・駅まで何人の人とすれ違いましたか？
・電車に乗ったときの周りの人の服装は？
……こういった思い付きの問題を自分に出し、ひたすら思い起こします。

そして、今朝の食事の内容が思い出されたなら、昨日の夕食、一昨日の昼食というふうに遡っていきます。

これは、単なる記憶の訓練ではなく、記憶のための脳の神経回路を強化し、太くする脳トレといってもいいでしょう。

必然的に、学習した内容や覚えた単語も、思い出す率と想起スピードが高くなっていきます。

この方法を編み出した私自身も、平成二年の超難関といわれた宅建試験（合格率わずか一二・九パーセント）に一発で合格したくらいです。

勉強は、過去の問題集を解く学習をやっただけです。

年齢高めの方も、ぜひチャレンジしてみてください。

☆循環と連鎖の法則

地球上に存在するモノはすべて循環し、つながっています。

氷が水になり、水が蒸気になり、蒸気が雲になり、雲が雨になり、雨が水となり氷にもなります。

人間や動物も六〇～七〇％は水ですから、水分は同じ循環をくり返します。

また海では、植物プランクトンを動物プランクトンが食べ、これらのプランクトンを小魚が食べ、小魚を大きな魚が食べ、魚は死ぬと分解されてバクテリアが食べ、バクテリアは植物プランクトンが食べます。

これらを「循環と連鎖」といいます。

海も山も、陸も河も、地球上に存在するすべては調和よく整然とつながっています。

それを人間の都合だけで、便利さだけの追求を行なうと、農薬や化学物質の蔓延、森林伐採などによる砂漠化、温暖化といった不自然な状態になり、後で人類は大きなしっぺ返しを受けるようになってしまいます。

しっぺ返しとは、河川や海の汚染、環境、病気、種の絶滅、天変地異……などです。環境が乱れていたり、健康な動植物が存在しなかったりすると、人間も健康な状態で存続することはできません。

地球の環境がどんどん悪くなれば、そこに住む私たち人間の血液、細胞もどんどん悪くなるのは、循環と連鎖から考えると至極当然な話です。

そして、一部の人たちが幸せになるだけでは、誰も本当の幸せを得ることはできません。自分自身も含めみんなが、そして地球が喜ぶことをしていかないと、そこに住む誰もが幸せになれないのです。

『喜べば喜び事が喜んで喜び集めて喜びに来る』という循環と連鎖の法則があります。

地球がもっとも悲しむこと。それは、「自分さえ良ければ」です。

有史以来、今現在に至るまで人類は嫌というほど「自分さえ……」の考え方が不幸を、苦しみを呼ぶのだということを味わってきました。

戦争、ローマ帝国を初めとした様々な文明の崩壊、環境破壊、地球にはなかった化合物、そして病気の蔓延……すべてが循環と連鎖を無視したところのエゴが作り出したものです。

社会が機能性、利便性だけを追及すると、そこにはエゴや自分勝手が生まれがちです。

自分の会社さえよければと、下請けを困らせ業《ごう》を企てる《企業》も生まれます。

私たちは会社（※神聖な空間である社《やしろ》と出会う）でなくてはいけません。

つまり会社とは、神聖な考えの下で神聖な縁によって、自然の法則に従って本来ある姿に戻ろうとするものです。

地球は決して、我々から奪い取ろうとすることを何一つしません。

すべてにおいて、ギブギブギブギブそしてギブです。

与え合うだけ、そして上手に分け合えることができれば、誰もが幸せになれます。

分け合えば、人間だけではなく、動物たちとも、植物たちとも、目に見えない微生物たちとも循環と連鎖の法則でつながっていくことができ、誰もが調和された安らぎのある、幸せな人生を送れるようになっていきます。

☆地球が喜ぶためにすべきこと

現代人が抱えている四つの問題点があります。

一　少子高齢化によるひずみ（年金問題・医療費問題・老人介護問題など）

二　農添化の蔓延（キレる子ども・無意識犯罪の増加・アレルギーの蔓延・シックハウスなど）

三　環境問題（循環と連鎖の無知・大人や企業のエゴによる環境汚染など）

四　食糧問題（自給率の低下・土壌の疲弊化・砂漠化と農家の減少・病気の慢性化など）

二の「農添化」とは、農薬・添加物・化学物質の略で、私が作った造語です。

文明の発展によって、私たちは多くの便利さを手に入れることができました。

たとえば、農家の方々は農薬で作業が楽になり、食品を取り扱う人たちは、添加物で味を変え腐敗を防ぐことで売上げを増やし、そして病気を抱えた方々は医療機関の薬（化学物質）によって救われたことも事実です。

その反面、取り返しのつかないほど多くの問題点を生み出してしまいました。

農添化とは、大自然にない物質を人間が作りだしたものの一つです。

もしそれが地球にとって喜ぶべきものであれば、それは自然なものとして人類に便利さだけをもたらし、人々は幸福を享受できますが、反対にそれが地球に弊害をもたらすものならば、直接その弊害が人々に返ってきます。

四つの問題点はすべて、過去から現在までずっと引きずってきた人類のエゴ（自分さえ良ければ……の思い）が原因になって生まれてきたものであり、このしわ寄せを未来の子どもたちに託すわけにはいかないでしょう。

しかしこれらすべてを解決する道が、じつはミネラルにあったのです。

元々私たちが生まれ、そして住んでいる地球がミネラルそのものだからです。

私たち生命体は一つとして、この地球から生まれてきていないものはありません。

ミネラルの特徴を一言でいうならば〝足りないものを補い、要らないものを排出する〟です。

この働きを利用して農業や健康食品などにも応用すれば、身体の調和と、自然（地球）の調和を取り戻すことができると私は考えています。

☆希望へのバトンタッチ

最後は少しだけ当社の主業務であるミネラルの話をさせていただくことをお許しください。

私の会社JESグループでは、〝生体ミネラル（総称）〟の原液製造から商品化及び販売までを一貫して行なっています。

これは、一般の市販されているミネラルウォーターとはまったく異なるものです。三十六種類以上の調和の取れた濃縮の天然イオン化抽出ミネラル溶液で、全国の医療関係者からも絶大な支持をいただいております。

ただ味はレモンと同程度の酸味なので、食事かドリンクに混ぜるか5倍以上に薄めて飲むことをおすすめしています。

物販においては、大手ネットマーケットの「ミネラルランキング」において、弊社製造のミネラル商品群は常に売り上げ上位を保っています。

このミネラルは、一九九二年の地球環境サミットで発表以来、環境浄化、農業（JAS規格）、畜産、水産、建築、化粧品、スポーツ界、幼児教育を含む知能育成、健康分野など幅広い分野で活躍しています。

戦後、野菜のミネラル摂取量は五分の一以下になったといわれていますが、それよりも危惧すべきことは、『ミネラルのバランスが崩れたことだ』と多くの研究者が警鐘を鳴らしています。

彼らの研究によると、ミネラルは単独では健康に付与しないとの認識があり、よってミネラルは単独摂取よりも、いく種類ものバランスのとれた摂取がもっとも適切です。

このバランスのとれたミネラルは、さまざまな実験や検証において、生体に不要な化学物質などをキレートすることがわかっています。

しかもこのミネラルは、料理の素材を生かし数段美味しくする特徴もあることから、食材や味にこだわるお店、ローフードやロハスなど自然派志向の方たちに広く愛用されています。

そして、一種類に偏った単一ミネラルではなく、複数の調和の整ったミネラルによって食の安全を確保しているため体力を維持する期待が持たれ、最近ではアスリートの選手やプロスポーツ界の選手からも高い支持を得ています。

ますます健康志向（脱農薬、脱添加物、脱化学物質）が高まる風潮のなか、現代人にとって圧倒的に足りなくなったミネラル不足の解消に適しているのが〝生体ミネラル〟です。


現在の地球環境や社会情勢を考えると、子どもたちの未来は決して明るくありません。


今私たちがしなければならないことは、過去からのしわ寄せを決して未来の子どもたちに先送りしないこと。そして安心した未来、豊かな未来、幸せにあふれた未来を作り出すための一歩を踏み出すことです。

じつは〝生体ミネラル〟は、現代社会が抱えているさまざまな問題点のほとんどを解決する、無限の可能性を秘めているのです。

これが普及され活用されればされるほど、ご自身や、あなたのＤＮＡを引き継ぐ子どもたちの健康への働きかけはもちろん、さまざまな活用による循環と連鎖によって地球は浄化され、川には魚が戻り、海や畑は私たちを生かす生命を育み、思い切り深呼吸できる環境の創造につながることでしょう。

まさに地球からの贈り物、〝地球のエキス〟。その健康と環境浄化のパワーは計り知れないものであると私は確信しています。

〝生体ミネラル〟の日々のご愛飲。お料理への活用。農業や環境浄化への活用。そしてあなたの大切な方にお伝えいただくこと。そのどれもが幸せな未来を作るための歩みになります。

私たちの活動は単なる製品の販売ではありません。

誰もが願う幸せな未来、言い換えれば「希望」という名のバトンを一人でも多くの方に、そして未来の子どもたちへ手渡したい。

それこそが私たちの切なる願いです。

おわりに　私の人生にもっとも影響を与えた『大切な人』

私の会社であるＪＥＳを設立した当初の話です。

私はその頃、やることなすことがすべてうまくいかず、ついには信頼していた人からも騙され、一生かけても返せないほどの莫大な借金を背負ってしまい、自暴自棄になって「もう死ぬしかないな」と落ち込んでいました。

そんなある日、私は駅のホームに立っていました。

頭の中は借金でいっぱい。それを返すには「生命保険しかないかなぁ」などと、漠然と死んだ後のお金の計算をしていました。

あくまでも「漠然と」です。

まもなく電車がやってきました。プラットフォームの一番前に並んでいた私は、電車の光が近づいてくるのをボーッと見ていました。

すると、足が勝手に白線の前にじわじわと動き出すではありませんか。

「うわっ！」

必死で何度も足を止めようとしましたが、どうしても自由になりません。

ジリジリと線路に向かって、すり足で数センチずつ前に進みます。

『このままじゃひかれる！』

電車も危険を察してか、ホームの手前で物凄い警告音を鳴らしました。

その音で我に返り、ギリギリで助かりました。

自分の身体なのに、言うことを聞いてくれない……。

これほど恐ろしい体験は初めてでした。

後で調べてみたら、その同じ場所で自殺者が出ていました。

ひょっとして憑依《ひょうい》？

スピリチュアルの世界では「波長同通の法則」というものがあり、自殺者の霊と、そのときの自分の周波数が一致していたのかもしれません。

でもそんなことがあっても、まだ私の頭の中は死ぬことでいっぱい。

しまいに、生きていることが苦しくて苦しくてしょうがなくなりました。

当時、ハーレーの一番大きなバイクを通勤代わりに乗っていました。

そのときも頭の中では「誰かぶつけてくんないかなぁ……」などと、いつも思いながら運転していました。

「できたら、一瞬のうちに死ねるような事故で……」と。

あまりにも情けなく、弱々しく、愚かな自分がそこにいました。

「自分はこの世に生きている価値がない」、そこまで落ち込みました。

八月になり、お盆の墓参りのために実家に帰ります。

そのとき、「墓参りしてから死のう！」と自分で決心してしまいました。

ハーレーにまたがり、高速道路で新潟の実家に帰ります。

どこを自分の死に場所にするか、探るためです。

高速道路上で、とても良いポイントを見つけました。

「かなり高い崖だ……実家からの帰りに、この場所のガードレールを乗り越えれば間違いなく死ねる、それに事故死として扱われる」

そして新潟の実家に到着し、一人で墓参りに向かいました。「親父、じいちゃん、ばあちゃん、ごめん……」と墓に手を合わせました。

けれど母には決してこのことを悟られまいと、普段と同じ態度で接しました。

いよいよ翌朝、実家を後にして《死へのバイク》にまたがりました。

いつものように母が、家の前まで見送りしてくれました。

私はエンジンをかけ、「それじゃ、元気でね！」と明るく母に声をかけました。

でも心の中では「これが最後だ、母さんごめんなさい」そう思っていました。

すると母はじっと私の目を見つめ、いきなり……

『死んじゃダメよ！』

「えっ？」と言い返したものの、さすがに驚きました。

「母さん何言ってんの、じゃあね！」と慌ててごまかし、逃げるように実家を後にしました。バックミラーをチラッとのぞくと、母は道路まで出てずっとその場にたたずんでいました。

高速に乗っても、母の最後の顔と声が胸にジンジン響いていました。

「うおぉぉぉ……！」

運転しながら、何度も何度も涙が溢れ、大きく叫んでいる自分がいました。

いつも優しく、どんなときでも私を信じてくれた母、雪が降った寒い日の夜、自分の息で両手を温めてくれた母、掛け算の九九を覚えられるまで、ずっと付き合ってくれた母、借金を抱え父が死んだときも、最後まで一家離散を拒み続け、深夜まで内職をやっていた母、いつも一緒に喜び、一緒に泣いてくれた母。

まるで走馬灯のように、生まれてから今日までの母との思い出が蘇ってきました。

まるで呻くように絞った声で「ごめんね、ごめんね」としか言えませんでした。

ところがそうしているうちに。

「あっ！　通り過ぎてしまった」（笑）

バイクごとガードレールに激突し、崖下に飛び込む予定だった山間のポイントを、なんと通り過ぎてしまったのです。

私は呆気にとられてしまいました。けれども不思議なことに、その日からまったく死ぬ気は失せていたのです。

そう思うと、たしかに憑依現象だったのかもしれません。

後で母にそのことを告白すると、私が立ち去ってから何度も仏壇と神棚に、私の無事を祈っていたそうです。

誰かから聞いた話では、『親』という字は、木の上に立って子の行く末を見守る……そういった意味なんだそうです。

この話は一人のマザコンの話かもしれません。

しかし世界中のどんな人も、例外なく母親から生まれてきます。

そしてもし、母が乳を上げることを拒んだら……

おむつを取り替えなかったら……

熱が出ても看病しなかったら……

抱きかかえてあやしてくれなかったら……

人に迷惑を掛けたときに叱ってくれなかったら……

そう考えると、おそらく私はとっくに死んでいたことでしょう。

少なくとも今より、決して幸福とは言えない人生を歩んでいたと思います。

母が私を導いてくれたことはこのときだけではなく、何度も勇気と希望をもらいました。

そして、私の手帳に、いつも書いてある母の言葉があります。

何十年も、手帳が代わるたびに書き写し、何か辛いことがあったときには、それを読んでは励まされてきました。

この言葉で何度、勇気と希望をもらったことか。

この言葉に感動された書道家の方が大きな和紙に書いてくださり、それを見てあらためて感動しました。
そのことを米寿を迎えた母に伝えたとき、案の定、涙ぐんでいました。
母の言葉は、以下のとおりで新潟弁です。

『春になれば』

あのね。
一見枯れたと思う冬の草木も、
雪が溶けて春の陽射しが降り注ぐと、新芽が出るろう?
じつはね、何も咲かん寒い季節は、下へ下へと根を伸ばし、
栄養蓄えて、春に備えて準備しとるん。
やがて時期が来れば、
青々とした一面の葉っぱと、たくさんの実を結ぶ。
心を定めて希望に向かって歩むならば、

いつか必ずきっと実を結ぶんよ。
そして深い喜びもそこから生まれる。
夢も希望も決して逃げやせん。
逃げてしまうのは、
春を信じない、自分自身なんよ。

この本を読まれて、心の中に何か一つでも感じていただければ幸いです。

亡き母が私にアドバイスしたように、私も多くの人にそうありたいと願っています。

その方法の一つとして、幸せになるちょっとしたコツをお伝えしてみんなで幸せになりたい、とこの本を上梓しました。

人は間違いなく、喜びに満ちあふれた幸せな人生を送るために、一人ひとりが、それこそ奇跡に近い確率のもとで生まれてきたのです。


「喜べば　喜び事が　喜んで　喜び集めて　喜びに来る」

あなたに喜び事がたくさん訪れますように。

36の希望の法則

私が瞑想中に得たのが、誰もが幸せになる気づきのヒント「36の希望の法則」です。

ぜひご覧になって、日々の糧にしていただけたら幸いです。

もし読まれて「はっ」とした箇所があったら、潜在意識に眠るもう一人のあなたからのメッセージです。きっとあなたの中にある〝大切にしているもの〟と響き合うことでしょう。

※下記の二次元コードからアクセスしていただくと、映像を見ることができます。うまくアクセスできない方は、ご家族やご友人等にご依頼ください。

誰もが幸せになる気づきのヒント

「36の希望の法則」

https://motoi.work/x/36k

皆さまのご意見・ご感想をお寄せください

ご購読ありがとうございました。コスモ21では、読者の皆さまからのご意見・ご感想をお待ちしております。お寄せいただいた方の中から抽選で「からだニコニコ飴」（マヌカハニー、プロポリス、日本山人参を使用・1袋110g）をプレゼントいたします（令和二年一二月三一日まで）。

・ご意見・ご感想への返信はいたしておりません。ご了承ください。
・お寄せいただいたご意見・ご感想の著作権は小社及び著作者に帰属し、小社出版物などに転載させていただく場合がございます。
・ご記入いただいた個人情報は、返信・連絡などの目的以外に使用したり、本人の同意なしに個人が特定できる形で公表したりすることはございません。

※下記の二次元コードからアクセスください。

ご意見・ご感想
をお寄せください

https://j.mp/2YzIjg0

幸せの種　不幸の種

2020年９月18日　第１刷発行
2020年10月９日　第２刷発行

著　者――――本井秀定

発行人――――山崎 優

発行所――――コスモ21
〒171-0021　東京都豊島区西池袋2-39-6-8F
☎03(3988)3911
FAX03(3988)7062
URL http://www.cos21.com/

印刷・製本――中央精版印刷株式会社

定価はカバーに表示してあります。

ISBN978-4-87795-390-4 C0030